連帯経済とコモンを生み出す協同組合

労働者
WORKER COOPERATIVE
協同組合
とは何か？

松本典子 著

中央経済社

はしがき

2022年10月1日，労働者協同組合法が施行され，労働者協同組合への関心が高まっている。これは，市民がより主体的に生きるための手段として，新たな可能性を示す重要な一歩である。

労働者協同組合は，そこで働く人々が所有し，管理する協同組合である。地域の人々が組合員になり，共に働きながら地域課題の解決を目指している。資本主義のもとで広がる経済格差やさまざまな問題に対抗するため，世界中でその数は増え続け，日本でもその取り組みが広がりつつある。

しかし，労働者協同組合について知っている人は少なく，時には，労働組合と混同されることもある。

そこで，本書は，労働者協同組合を知りたい・学びたいという声に応え，その定義や歴史，現代における意義や課題に加え，実際，新たに設立された事例を紹介し，総合的に学べるようにまとめた。

労働者協同組合のメンバー，実践者や研究者をはじめ，労働者協同組合に関心をもつ人々，設立を考えている人々に加え，現在の働き方に疑問を感じている人々，フラットな組織づくりに興味がある人々にとっても，本書は役立つ一冊になるだろう。企業への就職を考えている学生にもぜひ手に取ってほしい。

本書が，労働者協同組合を理解する出発点になることを願っている。

2025年1月

松本　典子

目　次

はしがき／i

はじめに／1

第 1 章

市民や労働者を主体とする社会運動の広がり ———— 13

1　社会的排除と社会的孤立などに端を発する地域課題の増加 ……… 13

2　地域課題に取り組む市民の増加と新自由主義がもたらす影響
……………………………………………………………………………… 14

3　人間らしい働き方の実現を目指す労働者の増加 ………………… 21

4　市民運動，労働運動と共に展開されてきた労働者協同組合
……………………………………………………………………………… 26

第 2 章

日本における労働者協同組合の展開 ———— 33

1　労働者協同組合の定義と日本における発展 …………………… 34

　1-1　労働者協同組合の定義／34

　1-2　日本における労働者協同組合の発展／36

2　ワーカーズ・コレクティブ ……………………………………… 38

　2-1　定義／38

　2-2　歴史／38

II

2-3 事業内容と規模／*45*

2-4 事例／*51*

2-5 特徴／*55*

3 ワーカーズコープ ‥‥‥‥‥‥‥‥‥‥‥‥‥‥‥‥‥‥‥‥‥‥ *59*

3-1 定義／*59*

3-2 歴史／*64*

3-3 組織構成／*68*

3-4 事業内容と規模／*70*

3-5 事例／*76*

3-6 特徴／*80*

4 ワーカーズ・コレクティブとワーカーズコープの共通点と

相違点 ‥‥‥‥‥‥‥‥‥‥‥‥‥‥‥‥‥‥‥‥‥‥‥‥‥‥‥‥ *81*

4-1 事業内容や組織運営における共通点／*81*

4-2 運動の発生プロセスとガバナンスにおける相違点／*82*

第 **3** 章

労働者協同組合の現代的意義と役割 ———————— *97*

1 協同組合としての労働者協同組合の役割 ‥‥‥‥‥‥‥‥‥‥ *97*

2 本来の労働を取り戻す労働者協同組合の役割 ‥‥‥‥‥‥‥ *101*

3 コモンの形成によって生活を豊かにする労働者協同組合の

役割 ‥‥‥‥‥‥‥‥‥‥‥‥‥‥‥‥‥‥‥‥‥‥‥‥‥‥‥‥ *105*

目　次　*III*

第 **4** 章

日本の労働者協同組合の課題とその解決に向けて ── *109*

1　労働者協同組合をめぐる経営課題と民主的管理の実行 ………… *III*

1-1　民主的管理とは何か／*III*

1-2　民主的管理の実行にあたって必要なこと／*II2*

1-3　民主的管理の実行における労働者教育／*II6*

1-4　民主的管理と対話できる環境の整備／*II9*

**2　組織規模をめぐる課題に対するネットワーク形成と経済圏
　　づくり** ………………………………………………………………… *I2I*

2-1　労働者協同組合の組織規模をめぐる論点／*I2I*

2-2　大規模な労働者協同組合の課題と相互・水平的なネットワーク
　　形成／*I23*

2-3　小規模な労働者協同組合の課題と経済圏づくり／*I27*

3　労働者協同組合法をめぐる課題 ………………………………… *I30*

3-1　労働者協同組合法の成立経緯／*I30*

3-2　労働者協同組合法の概要／*I32*

3-3　労働者協同組合法の課題／*I39*

4　事業内容をめぐる課題とさまざまな組織との協働 ………………… *I44*

第 **5** 章

アメリカの労働者協同組合から学ぶこと ──────── *155*

1　アメリカの労働者協同組合小史 …………………………………… *I56*

2　アメリカの労働者協同組合の概要と研究対象 …………………… *I59*

3　カリフォルニア州における労働者協同組合の事例 ………………… *I60*

IV

    3－1　食品関連の労働者協同組合の事例（ベーカリー系）／*161*

    3－2　食品関連労働者協同組合の事例（グローサリー系）／*163*

    3－3　ベイエリアにおける労働者協同組合への期待／*166*

  4　ニューヨーク州における労働者協同組合の事例 ························ *167*

    4－1　支援組織によるインキュベーション事業／*168*

    4－2　支援組織による労働者協同組合開発プログラム／*169*

  5　アメリカの労働者協同組合の経営が日本に示唆すること ········ *171*

    5－1　強い組織づくり／*172*

    5－2　政府・行政から一定距離を置くこと／*175*

    5－3　社会的に弱い立場に置かれやすい人々の組織化／*176*

    5－4　教育を通じた経営強化／*176*

    5－5　他組織との協働／*178*

第 **6** 章

新たな労働者協同組合の台頭と連帯経済や市民まちづくりから学ぶこと —————————— *185*

  1　新たな労働者協同組合の台頭に学ぶこと ···················· *186*

  2　連帯経済が広げる労働者協同組合の可能性 ··················· *195*

  3　市民まちづくりが広げる労働者協同組合の可能性 ············· *197*

おわりに／*207*

あとがき／*209*

参考文献／*213*

初出一覧／*215*

索　　引／*217*

I

はじめに

◆　本来の労働とは

　労働は，本来，何らかの使用価値や有用効果を生み出すためになされるものであり，労働が社会的に営まれる場合，それは何らかの形で社会構成員の生活に役立つことを目的に行われるものである。しかし，資本主義社会における「賃労働」は，利潤を生み出すことを目的として行われる。そのため，「賃労働」は，たとえ人々の生活に役立たないものであっても，利潤が生み出される限り続けられる（富沢（1987）137頁）。

　また，労働は，本来，自然との意識的な媒介であり自由な行為として存在する。しかし，資本主義社会の「賃労働」においては，労働者はすでに自分の労働力を売り渡しているため，自分の労働を資本の機能として行うことを強制されている。つまり，「賃労働」をする労働者は，意識的に働いていても，自分労働を自己のものとして実現することはできない。このように自由が否定された労働は，「疎外された労働」と呼ばれる（佐々木（2012）110頁）。

　さらに，本来の人間の労働は，「構想すること」と「実行すること」が統一されたものである（斎藤（2020）221頁）。すなわち，人間が，生活にとって必要なものを生み出すために，何をすれば良いかを考えることが「構想」であり，労働を通じて「構想」を実現する過程が「実行」であり，両方が実現してはじめて，本来の人間の労働になる。しかし，資本主義のもとで生産力が高まると，その過程で「構想」と「実行」が分離され，「構想」は特定の資本家や資本家に雇われた経営者（現場監督）によって独占され，労働者は「実行」のみを担うようになる（斎藤（2023）102頁）。資本家は，より多くの利益を得ようと，できるだけ安価に商品を作ることを目指し，労働者を効率的に働かせるために分業を導入する。分業システムに組み込まれた労働者は，生産工程の全体像がみえなくなるため，自らの力で何かをつくろうとする生産能力を失い，何年働

いても単純な作業しかできなくなる。その結果，労働者は，資本家や資本家に雇われた経営者（現場監督）の指揮・命令に従うしかなくなり，主体性を失っていく。分業により，単純作業は誰にでもできるものになり，労働者の代わりはいくらでも見つかることになる。そのため，仕事を失いたくない労働者は，資本家のために働くことになる（斎藤（2023）106～107頁）。

このように，資本主義社会における「賃労働」は，本来の労働とは根本的に異なるものであることを認識しなければならない。本来の労働には，「賃労働」で行われる営利企業の労働や公共部門や非営利団体での労働だけでなく，商品化されていない労働として，自営業における労働や家事労働やボランティア労働なども含まれる（大沢（2007）9頁，参照）。その中でも，特に家事労働は，「シャドウ・ワーク（shadow work）」[1]や「アンペイド・ワーク（unpaid work）」[2]という言葉で表現され，労働としての正当な評価を求められてきた歴史がある。

◆ 日本の労働をめぐる特殊性

労働について考えるとき，日本では特殊な事情も関係する。多少の変化はあるものの，いまも日本では「会社本位」の社会（企業中心社会）が続いている。「会社本位」とは，株式会社をはじめから実在するものと捉え，従業員はそれに属するものと考えることであり（奥村（1992）80頁），経営者も従業員も会社のために忠誠を尽くして一所懸命に働くことによって，会社の利潤が増える仕組みである。日本は世界で唯一，「会社本位」が成功した国であるという特殊性をもつ（奥村（1992）10～11頁）。

「会社本位」の社会では，企業で働くことと家族の生活時間との線引きが曖昧になり，企業の中に，まるで一種の「共同体」が作られる。企業で働く者にとっては，企業と核家族のみが居場所になることでさまざまな問題が生まれる。日本独特の性的役割も影響している（大沢（2020）3頁）。たとえば，女性が家事・育児といった家庭の仕事や地域の仕事を担い，男性は企業で長時間働くことによって稼いだお金を家庭に提供するという形が一般的であった。その結

果，男性は企業で過ごす時間が増える一方，家庭や地域から疎遠になり，男性の不在部分を女性が担うようになる。企業を退職し高齢化した男性が地域に戻る時には，すでに男性の居場所は家庭にも地域にもなくなっている。そのため，高齢男性にとって新たな居場所を模索することが地域に求められてきた。

　しかし，地域に高齢男性の居場所をつくるだけでは，根本的な問題が解決されるわけではない。その原因となっている日本の会社本位のあり方，さらにいえば「賃労働」を中心に据える考え方を見直し，自営業における労働，家事労働，ケア労働，ボランティア労働なども含めて，本来の労働のあり方を再考することが必要である。そして，性別や世代に関係なく，地域や生活・暮らしを中心に据えた働き方を拡げることが，より重要になってきている。

　これまで私たちは，「賃労働」，「構想」と「実行」が分離した労働，さらには「会社本位」の働き方を「当たり前」のものと考えてきた。しかし，近年ではそのような働き方に疑問を呈する声が強まり，現状を変えなければならないと立ち上がる市民が増えている。

◆　「当たり前」を疑うことの難しさ

　疑問を呈する考え方が強まる一方，私たちの生活は，成長を目指し続ける「商品経済」にいとも簡単に「包摂」され（呑み込まれ），生き物として無力になってしまっているという現実もある（斎藤（2020）220～221頁）。私たちは，生活に必要な食糧，衣類，住居を，「商品」という形態で「貨幣」によって購入している。このように，「商品経済」による「包摂」が完成してしまったために，私たちは自然と共に生きるための技術や自律性を奪われ，「商品」と「貨幣」の力に頼ることなしに生きることすらできなくなっている。そして，その快適さに慣れきってしまったことで，別の世界を思い描くことすらできなくなっている（斎藤（2020）221頁）。したがって，いま，目の前にある「賃労働」や「商品経済」は，空気のように「当たり前」のものになり，慣れ親しんだものを疑うことは非常に難しくなっている。

　本来なら，私たち人間は，自分の人生において，幼い頃から「やりたいこ

と」や「好きなこと」を考え、自ずと、どんな仕事をしたいのか、なぜ働くのかについて考えるようになる。「やりたいこと」は多様な経験を積み重ねていく中で、徐々に明確になるものである。その「やりたいこと」は自分の中にあるのではなく、自分がいる地域社会の中で、他者と共に活動していく中で生まれてくる（朝倉・柴田（2023）8頁）。

　最近は、公立の学校でも、課題発見型学習（PCL）や課題解決型学習（PBL）が導入され、学校から与えられる勉強だけでなく、主体的に考える学習機会も増えてきている。ただ、自分の本当に「やりたいこと」を学習できない子どもたちがまだたくさんいることも現実である。自分の「やりたいこと」ができないからと、学校に行かずに自ら学習しようとすると、不登校というレッテルを貼られてしまうこともある。学校に行くことが「当たり前」だった大人たちにとって、不登校であることは悪いことと捉えられ、子どもやその親に原因や責任があると考えられがちである。このような「当たり前」を疑えない社会では、学校システムに不具合があるという発想にはなかなか至らない。

　また、「当たり前」の社会では、小学校や中学校の段階で「やりたいこと」を追い求めることが難しい環境がある上に、子どもたちは試験によって何度も評価され続ける。小さい頃から受験のことばかりを考え続け、人生において「やりたいこと」をみつける機会がないまま大学に入学した学生たちは、大学３年生になると、就職活動において、自分の「やりたいこと」をみつけるために自己分析をさせられる。新卒一括採用の影響もあり、既定路線から外れてしまうと、いわゆる「良い」就職先はなくなる。

　本来、大学は自由な学びの場である。しかし、在学中も卒業後も、自由に考える時間はいまやほとんどない。インターンシップ活動などを含めると、１・２年生から就職活動をはじめる学生も珍しくないので、自由に「やりたいこと」を考える時間はますます減少する。多くの学生は、在学中に、業界分析や企業研究、インターンシップを行い、多くの会社を受験し、何回も振り落とされる中で、自分の「やりたいこと」を見つけられないまま、自分ができないから悪いというレッテルを貼られて自信を失っていく。このようなプロセスを経

て，最終的に自分を採用してくれる会社に就職することになる（朝倉・柴田
（2023）8頁）。会社に入った学生は，会社に勤めること，そして「賃労働」を
担う労働者になることが「当たり前」のことだと突きつけられる。

◆ 生きる力や生活する能力を取り戻す

　さまざまな場面で，企業で働くことが「当たり前」に優先され，働くことに
費やす時間が増えすぎることによって，人間にとって重要な生活・暮らしが可
能な限り効率化され，自ら考え生み出す力を失っていくのが，現代の日本社会
である。

　たとえば，子育てはしているけど，料理は作れないという話を時々耳にする。
料理をすること，さらにいえば自然の恵みに働きかけて食材を調達し，それに
自らの手を加えて食べるという行為は，人間が生きていくこと，そして生命を
育てるということに直結する。私たちの社会において，働くことより大切なの
は，人間の命を守り育て，人間の命を育む自然を大切にすることである。いま
以上に生活や暮らしについて考える時間や人間の命の意味について考える機会
があれば，人間の命を育むために食べることや料理することをより大切にでき
るのではないだろうか。

　しかし，現在の日本社会では，生きる力や生活する能力が評価されず，会社
で働くことや，学校で良い成績を取ることが最も評価される。このような日本
社会は，豊かであるとはいえない。

　以上のように，日本社会では，数多くの場面で働くということが優先されて
いる。しかし，その一方で，2020年に起きた新型コロナウイルスの感染拡大は，
奇しくも，働くことへの疑問，そして，資本主義という社会システムへの疑問
を生み出すきっかけになり，私たちの生活・暮らしから自分たちにできること
を見つめ直し，生活・暮らしに加えて地域をより豊かにするような働き方につ
いて，真摯に考える人たちを増やしてきた。

◆ 労働者協同組合のポテンシャル

　生活・暮らしの向上や労働の捉え直しといった側面から，資本主義という社会システムに対して警鐘を鳴らす考え方は，決して新しいものではない。戦前には，日本の生活協同組合の祖ともいえる賀川豊彦によって，生活・暮らしの向上が社会運動として取り組まれてきた。戦後には，地域づくりを基盤にした市民運動や協同組合運動が展開されてきた。家事労働やケア労働やボランティア労働など，いわゆる「見えざる労働」を評価する社会運動も展開されてきた。そして，企業での働き方を考え直すことについては，労働組合を中心とした労働運動によっても展開されてきた。

　このような背景を意識しながら，本書が主たる研究対象として取り上げていくのが，市民運動，協同組合運動，社会運動，労働運動の中から1980年代に生まれてきた「労働者協同組合」である。労働者協同組合は，一般的に，そこで働く人々が所有し管理する協同組合と定義される。地域に生活する人が集まって，「賃労働」ではない働き方，「構想」と「実行」が統一した働き方，「会社本位」ではない働き方を目指してきたものである。

　世界各国に追随するように，日本においても2020年12月4日に労働者協同組合法（以下，労協法）が成立し，2022年10月1日の法施行後からは，その動向により注目が集まっている。たとえば，斎藤幸平は，労働者協同組合は，その構成員である労働者たちが，自分たちで出資し，共同経営者になり，能動的に民主的な方法で，生産に関する意思決定を目指すことから，資本家に雇われる「賃労働」のあり方を終わらせることができるというポテンシャルに期待を寄せている（斎藤（2023）209頁）。私自身も，静岡県磐田市において，4人の仲間と共に労働者協同組合を設立して活動を進める中で，仲間たちが労働者でありながらも共同経営者であることを意識して，主体的に「賃労働」ではない働き方を目指している。労働者協同組合という仕組みは，本来の労働とは何かを意識して事業を進められるところ，そして，事業を進める中で地域のさまざまな主体とどのように向き合うかを考えられるところに，ポテンシャルがあると感じている。

それと同時に，労働者協同組合の経営は難しいことも実感している。1980年代に生まれてきた労働者協同組合も，すべての取り組みが順風満帆に進んできたわけではない。なぜなら，協同組合の中で最もマネジメントの難しい組織が，労働者協同組合だといわれているからである。いま私自身も，磐田市の労働者協同組合の仲間も実感しているが，労働者として働く人たちが，経営者としての力量も身に付けなければならないのが労働者協同組合であり，歴史的にもその実践が難しいことは指摘されてきた。

◆ 労働者協同組合の役割

労働者協同組合は，世界各国において，社会的に弱い立場に置かれやすい人たちを地域や社会に包摂していく取り組みとして社会運動的に広がってきた。各国の労働者協同組合は，そのような運動性をもちながらも，資本主義システムに対抗するため，ある程度の事業性を確保しなければならないという側面をもつ。しかし，運動性も事業性も同時に追求しなければならない協同組合は，その経営をより困難にさせる。

また，資本主義社会において展開される労働者協同組合は，働くことを通じて，「人間力を回復させる」機能をもつところにその特徴の1つが見出せる。この特徴を引き出していくためには，日本では，労働運動を母体とする労働者協同組合と，社会運動・市民運動を母体とする労働者協同組合という，全く異なる変遷をたどってきた労働者協同組合運動が，お互いに理解をより深めて，協同組合運動を発展させていくことが重要になる。「労働と生活と地域がつながった生き方」（朝倉・柴田（2023）5頁）を実践していかなければならないということでもある。

加えて，労働者協同組合は，「人間力を回復させる」という点で共通した目的をもつ他の協同組合や市民活動，労働組合，自営業で働く人たちと連携・連帯して，社会課題や地域課題の解決を目指し，地域におけるウェルビーイングな豊かさを増やす形で発展するオルタナティブ経済圏（非市場型の経済圏ともいえる）を形成することも視野に入れながら，運動と事業を深めなければなら

ない。時には，各国の労働者協同組合と連携・連帯していくという「つながり」の視点も重要になるだろう。

◆ 本書の目的

労働者協同組合には大きなポテンシャルがある一方，その運営において求められる役割に対する経営課題も数多く存在する。

労働者協同組合のポテンシャルに関しては，2022年の労協法の施行以降，労働者協同組合を協同労働の1つと表現し，事例を紹介しながらその可能性に焦点をあてる書籍や，労協法による労働者協同組合の設立に関する書籍が次々と出版されはじめている。しかし，労働者協同組合における「運動性」と「事業性」を両立させるための経営課題についてまとめられた「労働者協同組合」をタイトルにする書籍は，過去20年近く出版されていない状況にある。

そこで，本書は，主に1980年代以降に展開されてきた日本の労働者協同組合を研究対象とし，その運営上の課題を明らかにした上で，今後の発展に必要な要素を明らかにしていく。

本書は，労働者協同組合が直面してきた複数の課題をとりあげていくが，その存在や役割を単純に批判したり，否定することを目的にはしていない。むしろ，労働者協同組合がもつ組織特性を最大限に活かして今後も発展していくためには，実践が直面している課題を明らかにした上で，現状において何が不足していてどのような支援が必要なのか，組織運営においてどのような取り組みが必要なのかを明らかにしていくことが重要であると考えている。このような研究は，労協法の施行以降に新たに労働者協同組合を設立しようとする人たちにとって，今後の活動を円滑にするための助けになるのではないかという思いもある。これが，本書の目的である。

◆ 本書において強調したい視点

本書は，労働者協同組合が協同組合運動の一端を担いながらも，生活に端を発する市民運動と失業者の仕事起こしに端を発する労働運動という2つの系譜

があること，そして，「人間力を回復させる」組織であることを意識して，以下の2つのテーマを中軸に据えてまとめた。

（1）人間らしい生活を取り戻す

本書の中軸の1つは「生活」である。資本概念の展開の基礎には，その対極として，人間の「生活」（物質的生活および生産的生活）が置かれている（芦田（2021）39頁）。

そこで，資本主義社会において，私たちが人間らしい「生活」を取り戻していくためには何が必要かを意識した。私たちが営む「生活」や人と人との見える関係を中軸に据えた地域づくりを行うためには何が必要かという視点である。

（2）人間らしい労働を取り戻す

本書のもう1つの中軸は「労働」である。人間の「生活（生）」を支える基本的な条件は「労働」である（芦田（2021）39頁）。

生活・暮らしや地域づくりという視点だけでなく，資本主義社会において，私たちが人間らしい本来の「労働」を取り戻していくためには何が必要か，資本主義において「当たり前」とされる「賃労働」とは異なる労働を，本来の「労働」と捉えるためには何が必要かを意識した。

◆ 本書の章立て

本書の章立ては，以下の通りである。

第1章では，1960年代以降，資本主義社会において，日本の各地域をめぐる課題に市民や生活者がどのように取り組んできたのか，また，労働をめぐる課題に労働者がどのように取り組んできたのかという社会運動の両輪をみることで，労働者協同組合の萌芽を確認する。

第2章では，労働者協同組合の運動と事業が日本においてどのように展開されてきたのか，その変遷を確認した上で，ワーカーズ・コレクティブとワーカーズコープの共通点と相違点からそれぞれの特徴を整理する。

第3章では，労働者協同組合の組織特性と現代的意義・役割を確認する。労働者協同組合も協同組合の1つとして民主的管理が必要になるが，その前提と

して，日本における労働者協同組合の組織特性を検討し，労働者協同組合の資本主義社会における現代的意義・役割とは何かを明らかにし，その発展に必要な基礎的分析を行う。

第4章では，労働者協同組合が，現在抱える経営課題を，その管理，組織規模，法律，事業内容という側面から確認し，その解決に向けた論点を提示する。

第5章では，2018年・2019年に実施したアメリカの労働者協同組合に対する訪問インタビュー調査を踏まえて，日本の労働者協同組合が経営課題を克服し，今後発展していく際に必要となるマネジメントやガバナンスについて考察する。

第6章では，日本において労協法の機能面を強みと捉えて設立された新たな労働者協同組合法人の事例を紹介することで，これまでには見られなかった労働者協同組合の発展可能性を考える。さらに，「連帯経済」概念や「コモン」を広げる取り組みから，これまで社会運動や協同組合に関心のなかった「無関心型住民層」を巻き込んでいく方法を確認することで，労働者協同組合の発展に必要な経営について考える。

[注]

1 シャドウ・ワークは，イヴァン・イリイチ（Ivan Illich）が用いた概念で，賃労働の「影」にあって理論的な分析を免れてきた，賃金が支払われず，有用性のない，強制された活動に光をあてた造語である。具体例として，大部分の家事，通勤，強制される仕事の準備などがあげられる（川崎・中村（2000）8頁）。

2 アンペイド・ワークは，家事，介護，育児，買い物，ボランティア活動といった，家族や地域での生命と生活の維持には欠かせない有用労働にもかかわらず，経済外にあるものと捉えられてきた「見えざる労働」を，見える形にする概念である（川崎・中村（2000）13頁，参照）。

[はじめに・引用文献]

・朝倉美江・柴田学編著（2023）『つながって働く，生きる，地域をつくる―みんなの幸せを協同で』協同ではたらくネットワークあいち。

・芦田文夫（2021）『「資本」に対抗する民主主義―市場経済の制御と「アソシエー

ション』』本の泉社。
・大沢真理編著（2007）『生活の協同―排除を超えてともに生きる社会へ』日本評論社。
・大沢真理（2020）『企業中心社会を超えて―現代日本を＜ジェンダー＞で読む』岩波書店。
・奥村宏（1992）『会社本位主義は崩れるか』岩波書店。
・川崎賢子・中村陽一編（2000）『アンペイド・ワークとは何か』藤原書店。
・斎藤幸平（2020）『人新世の「資本論」』集英社。
・斎藤幸平（2023）『ゼロからの「資本論」』NHK出版。
・佐々木隆治（2012）『私たちはなぜ働くのか―マルクスと考える資本と労働の経済学』旬報社。
・富沢賢治編（1987）『労働と生活』世界書院。

第 **1** 章

市民や労働者を主体とする
社会運動の広がり

1 社会的排除と社会的孤立などに端を発する地域課題の増加

　いま，私たちが生活する地域には，都市や地方に関係なく，さまざまな課題
があふれている。たとえば，経済や教育などの格差問題，少子高齢化に伴って
発生する空き家問題，交通アクセスの不便さから発生する買い物難民問題，社
会的孤立から発生する精神的・身体的な健康問題や孤独死の増加など，あげて
いけば切りがない。

　特に，社会的孤立は，近年深刻な地域課題として取り上げられるようになっ
た。広井良典は，家族などの集団を超えたつながりや交流がどれくらいあるか
に関する度合いを示す社会的孤立度が，日本は先進諸国の中で最も高いことに
言及した上で，現代の日本社会のさまざまな問題の根底に社会的孤立があるこ
と，そして，現代の日本社会は，古い共同体が崩れたことに代わる新しいコ
ミュニティが形成できていない状況にあり，このことが社会的孤立度を高めて
いると分析している（広井（2019）19〜20頁）。社会的孤立の問題は，高齢世
帯に限った話ではない。たとえば，都市部に移動した共働きの核家族世帯の場
合，近隣付き合いが希薄になりがちで，住民同士で助け合う関係性を築きにく
く，子育てでも孤立してしまいがちになる。このように核家族世帯でも，高齢

世帯と同様に社会的孤立が起きている。

　また，日本においては，社会的排除も深刻な問題として取り上げられてきた。社会的排除とは，人々が社会に参加することを可能にさせるさまざまな条件（具体的には，雇用，住居，諸制度へのアクセス，文化資本，社会的ネットワークなど）の欠如が，人生の早期から蓄積することによって，社会参加が阻害されていく過程と定義される（阿部（2007）131頁）。たとえば，障害者，生活困窮者，非正規就労者，外国籍の人やひとり親といった人たちが，社会的に排除されやすいといわれる。

　排除を受けている状態にある人が，社会に包摂されていくためには，その人たちが住む地域において，生活面と労働面における総合的な支援を受けることが必要になってくる。支援の際に特に重要になるのが，排除を受けている状態にある人に気づいてアウトリーチしていくこと，日常的に顔の見える関係をつくることでいつでも相談できる状況を整備することである。こうした支援は，公的な方法だけでは行き届かないことも多く，地域の人たちが日常的に見守りを行い，時には積極的な支援を行うことが重要になる。

　社会的孤立や社会的排除に端を発する地域課題に対して，近年，地域の住民がいままで以上に主体性を発揮した市民として，人と人とのつながりである「ソーシャル・キャピタル（社会関係資本）」も含めた多様な地域資源を活かし，その解決に向けて挑戦する動きが広がりはじめている。地域に生活する人々が，自らの生活・暮らしと労働を再考し，生活領域を安心して住みやすくするためには何が必要かを自分事として考え，自らの地域を主体的に運営する「住民自治」や「地域自治」によるコミュニティ再生も，近年改めて注目されるようになってきた（たとえば，中川（2022）や斎藤・松本（2023）など）。

2　地域課題に取り組む市民の増加と新自由主義がもたらす影響

　もちろん，地域住民が主体的な市民になって地域課題に取り組む活動は，い

まにはじまったことではない。戦後における市民運動・市民活動の歴史から，地域課題の解決に向けて市民が取り組んできた手法，そして，そこに潜む現代的な課題をみていく。

◆ 住民運動と新しい社会運動

1960年代，都市部への人口移動の加速は，住民の生活環境を整備する都市政策に遅れを生じさせ，公害をはじめとする生活問題を増加させた。それを背景に，「いのちと暮らしを守る住民運動」が起こり，全国各地で，健康で文化的な生活を確保するための住民運動が展開された（大阪ボランティア協会ボランタリズム研究所（2022）564頁）。このような住民運動と共に，社会の大きなうねりの1つとして登場したのが，「新しい社会運動」である（天野（1996）170頁）。

「新しい社会運動」は，先進国に共通した現象だった。日本では，1960年代の学生運動にはじまり，この運動を母体に台頭してきた，マイノリティによる公民権運動，フェミニズム運動，エコロジー運動，平和運動など，多様な運動が含まれた。この運動は，経済成長主義を批判し，その推進をはかる価値観に対して異議を申し立てる点で共通していた。それに加え，運動の主体が階級や労働者ではなく，マイノリティ，青年，女性など，資本主義社会の周辺部に位置する人々であったということ，運動の争点が，労働運動に典型的にみられるような生産の問題ではなく，環境・人権・平和など，人間が生きる上での全体性に関わる課題におかれていたこと，そして，運動組織の方法がひと握りのリーダー層によって統率されるヒエラルキー型組織ではなく，1人ひとりが責任を負えるかぎりで行動する個人間ネットワーク型組織をとっていることが特徴であった（天野（1996）171頁）。このような自らの地域や生活・暮らしに根付いた新しい社会運動は，そこに関わる人々を市民へと成長させるきっかけを生み出した。

◆ 対立型から提案型の市民活動へ

1980年代になると，「新しい社会運動」のような対立型の市民運動は，提案型の市民活動へとシフトした（高田（1998）167頁）。なぜなら，生活面における住民のニーズが多様化したことに対して，行政が提供する公共サービスでは，住民の個々のニーズに応えきれなくなったからである。

各自治体は，地域課題に取り組んでいく際，住民の生活状況を暮らしの中から把握することのできる市民活動の実践を重視し，各自治体と市民活動はそれぞれの使命に基づいて地域にとって必要なことを提案し合い，地域課題の解決を共に担うようになった。

そのような提案型の市民活動がいち早くはじまった自治体として東京都世田谷区があげられる。世田谷区では，1975年の区長公選制の復活をきっかけに，1978年には基本構想の策定によって区民本位のまちづくりが目指され，区民の主体的な参加によるまちづくりが展開された。この頃から，世田谷区では提案型の市民活動が増加し，プレーパーク運動がはじまり，障害者の自立生活運動やボランティアグループによるネットワークづくりも広がった。市民による参加型のまちづくりは，子育て世帯や障害者のいる家族などの世田谷区への移住を生み出し，世田谷区を誰にとっても住みやすい地域へと発展させた。1980年以降は，住民参加の「まちづくり協議会」が各地区に設立され，1982年には「街づくり条例」が制定され，自治体と住民が一体となってまちづくりが進められてきた（高田（1998）172頁）。1992年には「世田谷まちづくりファンド」が設立され，住民・自治体・企業のいずれにも属さない独立した立場から，地域の発展に根ざした住民主体のまちづくりや市民活動を後押しする動きもあった。

◆ 市民活動を支えるNPO法の成立

提案型の市民活動は，各自治体において展開されるようになり，次第に社会からも認められるようになった。しかし，1990年代は市民活動の組織基盤が脆弱で認知度や社会的信用も低かったため，その基盤の強化が大きな課題として

認識されるようになった（雨森（2020）274頁）。

　手の届く範囲で，社会に対するオルタナティブな提案を実現するためには，市民活動を安定させるための法整備が必要であり，全国的な中間支援組織の活動も広がっていった。法制化にあたっては，1994年に設立された「シーズ＝市民活動を支える制度をつくる会（C's）」，また同年に，シーズ，市民公益活動の基盤整備を考える会，NPO研究フォーラム，NPO推進フォーラムなどによって形成された「市民活動の制度に関する連絡会」が大きな役割を果たしてきた。

　そのような時期に起きたのが，1995年の阪神・淡路大震災である。震災によって，それまでの市民運動や市民活動に携わってきた市民とは異なる多くの市民が災害ボランティアとして活躍するきっかけになった。震災当時，多くのボランティア団体は任意団体（権利能力なき社団）であったため，震災後も地域における活動を継続させるため，法人[1]になることを検討した。しかし，当時は，ボランティア団体が取得できる非営利の法人格は公益法人や社会福祉法人しかなく，いずれも取得にあたっての条件が厳しかったため，ボランティア団体が法人になることを容易にすることが，喫緊の課題だと考えられた。

　容易に取得できる法人格取得へのニーズは，1996年に議員立法としての「市民活動促進法案」の提案に結びつき，1998年には「特定非営利活動促進法」（通称NPO法）と名称を変えて[2]公布・施行され，「特定非営利活動法人」（通称NPO法人）を設立することが可能になった。NPO法人は，市民がなるべく容易に公益的な活動を行う法人を設立できるようにしようという趣旨で設けられたことから，公益法人や社会福祉法人よりも緩やかな要件で設立することが可能になったことに加えて，非営利目的かつ公益目的をもった本来事業については非課税になるという特典がある。現在では，約5万団体のNPO法人が活動している。

◆　事業型NPOの増加と市民事業組織の発展

　NPO法ができた初期の頃は，寄付や会費を主たる収入源にする「慈善型NPO」が，地域課題を解決し，新しいコミュニティづくりの役割を担うこと

が多かった。その後，地域課題を継続的に解決するためには，ある程度の事業性と組織規模をもって課題に取り組む必要がでてきたことから，自主事業収入，行政からの委託事業収入や補助金，そして企業からの助成金などを主たる収入源にする「事業型NPO」が増えた。

　事業型NPOの増加と地域課題の解決という文脈で，2000年代に注目されるようになった概念の1つが，「コミュニティ・ビジネス」である。コミュニティ・ビジネスは，利益の最大化を目指すのではなく，地域資源を活用しながら，地域課題をビジネス的な手法で解決する地域再生型の事業であり，その原点には，地域住民や市民が主体的・自発的に地域社会をより良くしていこうとする志がある（風見・山口（2009）199頁）。活動する際の法的組織形態は，NPO法人，株式会社，有限会社，企業組合などさまざまであった。

　この時期に，地域課題の解決という文脈で，事業のできる非営利法人として注目されたのが一般社団法人である。一般社団法人は，2008年12月に施行された一般社団・財団法人法によって設立できるようになった。従来存在していた公益法人法の改正によって，法人制度と税制が切り離され，一般社団法人に簡易な法人化の道が開かれたことがきっかけになっている。NPO法人の設立には，10人以上の社員（会員）と行政官庁からの認証が必要であるのに対して，一般社団法人は2人以上の社員のみで非営利型の法人をつくることができ，また設立においては法に定める一定要件を満たせば行政官庁の許認可がなくても法人が設立できる準則主義を採用していることも大きな利点になっている。NPO法人よりも，誰もが気軽に，非営利の法人を設立できるようになったといえる。

　コミュニティ・ビジネスと同時期に，社会的孤立や社会的排除から派生する地域課題にも取り組み，社会的に不利な状況を抱えた人たちに働く機会を提供しながら社会的包摂を可能にする担い手として，「社会的企業」も注目されるようになった。社会的企業は，多様な社会的目的と共に事業上の目標をもち，マルチ・ステイクホルダーが参加できるような開かれた組織であり，事業収入・公的資金・ソーシャルキャピタルなど，さまざまな資金源や資源をもつと

いった特徴がある。社会的企業は，地域コミュニティ，市場，政府の媒介領域に存在し，それぞれの長所を引き出すことができるハイブリッド組織であると位置づけられる（藤井・原田・大高（2013）4頁）。

◆ 新自由主義による公共事業の民営化の影響

事業型NPOの増加，そしてコミュニティ・ビジネスや社会的企業といった市民事業組織の台頭は，事業性を強めることによって，地域課題を解決する可能性を高めてきた。しかし，日本では，1980年代以降，新自由主義[3]による公共事業の民営化の影響によって，特に福祉分野では，本来は地方自治体が担わなければならない仕事まで民間に安く委託される事例も出現し，その受け皿になっているケースも少なくない。特に，2003年9月に改正地方自治法が施行され，指定管理者制度が導入されたことによって，公の施設の管理運営に民間事業者が参入できるようになった影響は大きい。

市民事業組織が，地域課題を解決するためには，その地域に生活する住民・市民が地方自治体や企業と協働することが重要になるが，所得格差や機会格差を拡げ貧困を生み出す資本主義システムに「包摂」されてしまうことも少なくない。たとえば，2000年代，社会的企業は，上述した捉え方とは異なり，「社会性」「事業性」「革新性」の3要素をもつ組織と捉えられることがあった（谷本（2006）4頁）。ここでいわれる「社会性」は，次のように定義された。「ローカル／グローバル・コミュニティにおいて，今解決が求められる社会的課題に取り組むことを事業活動のミッションとすること。そのベースにはそれぞれの領域においてどのような社会を求めていくのかという価値やビジョンがある。その社会的なミッションに地域社会，ステイクホルダーからの支持が集まることで，ソーシャル・エンタープライズの存在意義が認められ，事業は成立する」とされる。この「社会性」は，「社会的起業家個人の社会的使命のレベルで捉えられている」（北島・藤井・清水（2005）9頁）と批判されるように，あくまでも個人が社会にとって「良い」と思うこと，個人レベルで社会を「良くすること」を提供していく範囲で，「社会的」な事業が展開される恐れが

ある。社会課題や地域課題の多くは、経済成長の重視による競争や格差を前提とする資本主義システムから生み出されている。そのため、「社会的」な事業は、資本主義システムの歪みから生まれてくる課題、すなわち強欲に利益を求めることによって生み出される貧困、格差、自然破壊などに対して、人間の命を守ること、そして、人間の命を育む自然を大切にすること、人間が平等でありさまざまな人と人がお互いを尊重しながら、その関係性を紡いでいけるような空間を守るといった価値観を踏まえて捉えられなければ、その課題の本質を誤ったまま事業が展開されてしまう恐れがあるということになる。さらに、個人が社会にとって良かれと思って行う事業が、他の個人にとってすべてが良いということではないし、逆に対立や分断の種になることもあるだろう。

　この数十年の市民活動の歴史を振り返ると、市民運動の結実として1998年にNPO法は成立したものの、行政からの委託事業の増加によってNPOや社会的企業などの市民事業組織が下請け的な存在になることと相まって、対立型、提案型と運動性をもって活動してきた市民自治の精神が、気づかないうちに資本主義システムに「包摂」されてきてしまったとも捉えることができる。「社会的」目的をもつすべての市民事業組織は、個人の社会的使命のレベルで社会課題を設定するだけではなく、資本主義システムにおいて、その「社会性」がどのような位置づけにあるかをマクロの視点で捉えなければ、そこに残るのは「事業性」のみになってしまう。そのため、1960年代に展開された「新しい社会運動」が1990年代以降のNPO活動全体にうまく引き継ぐことのできなかった「運動性」に関する要素、たとえば、前述した「経済成長主義を批判し、その推進をはかる価値観に対して異議を申し立てる」ことや「環境・人権・平和など、人間が生きる上での全体性」を意識することを、再度、「社会的」であることに組み込んだ上で、時には、行政に対する政策提言（アドボカシー）を行い、時には、行政と共に地域づくりを広げていく「ミュニシパリズム」を実行する必要がある。そうしなければ、資本主義システム、あるいは新自由主義に呑み込まれて、市民事業組織は単なる行政の受け皿になってしまう。

　そして、地域の住民が、より積極的に主体性をもつという自治の精神によっ

て，自分たちにとって暮らしやすい地域をつくるためには，今後自分たちがどのように生活したいのか，そのためにどのような課題を解決する必要があるのか，ということを多くの住民と共有し，事業を展開していくことが求められる。

3　人間らしい働き方の実現を目指す労働者の増加

◆　経済格差の広がりや長時間労働と働く意味の問い直し

　市民がさまざまな地域課題に取り組む一方，1980年代半ばから後半にかけて，女性の社会進出，長時間労働，過労死，少子化，高齢者介護といった，新たな社会現象が出現しはじめた。特に，女性の社会進出と雇用の労働力化によって，生活研究の主なテーマは「労働と生活の再編」になった（前田（2010）26頁）。この背景には，戦後の高度経済成長後の低成長期に現れた「生活の豊かさ」論があった。1989年に，暉峻淑子によって『豊かさとは何か』（岩波新書）が出版された。戦後の日本は経済的に豊かになったものの，長時間労働や過労死といった働き方に関する問題が噴出し，たとえ経済的に豊かになったとしても，人間の生命が軽視されてしまうことが，本当に豊かなことなのかが問われるようになった。

　1990年代になると，バブル経済の崩壊によって経済格差の問題が取り上げられるようになり，豊かさの問い直しによって働く意味の問い直しも強まった。一所懸命に働いて経済的に豊かになっても，豊かさを実感できないのはなぜかという問いかけから，会社本位の労働，企業中心の労働の再考が迫られ，「ワーク・ライフ・バランス」に関する研究も増えた（前田（2010）36～37頁）。この時期は，フリーターやニートなどの不安定雇用も増えた。

　さらに，1986年に労働者派遣法が施行されたことも影響して，派遣労働者の増加が非正規雇用者数を押し上げ[4]，1990年代には急速に就業形態の多様化が進行し，非正規雇用者が増加した。労働者派遣法は，その制定時，就業意欲はあるものの正社員的な働き方ではない多様な働き方，そして生活を優先したい労働者のニーズにマッチする形で生み出された政策であったといわれる（前田

（2010）52〜53頁）。しかし，その後の法改正によって，派遣労働の実態は当初の予測とは大きく異なるものになり，特に2008年のリーマンショックに端を発した世界不況によって，製造業における派遣労働者が大量に解雇させられ，正規雇用者と非正規雇用者の経済格差はますます広がった。

　日本では，長時間労働も大きな問題として取り上げられてきた。内閣府の『男女共同参画白書 令和2年版』によれば，アメリカ，イギリス，スウェーデン，スペイン，ノルウェー，ニュージーランド，オランダ，韓国，日本，イタリア，ドイツ，フランス，フィンランド，カナダの15〜64歳の男女を対象にした生活時間の国際比較において，有償労働（市場で労働力を提供して対価を得る労働）時間が最も長いのは日本男性で，無償労働（家庭内での家事や社会活動といった家計の構成員や他人に対して行う対価を要求しない労働）時間が最も短いのも日本男性である（内閣府（2020）44頁）。また，日本は，男女共に有償・無償をあわせた総労働時間が長く，時間的にはすでに限界まで労働していると分析されている（内閣府（2020）44頁）。日本でも，以前よりは男女平等が認識されているものの，長らく会社本位の働き方が展開されてきたこともあり，性別役割分業の意識は根強く残っている。それに加えて，有償労働を支える「再生産労働」である家事や子育てを含めたケアなどの無償労働は，有償労働と同じ「労働」であり，本来的な「労働」であるにもかかわらず，高く評価されないという風潮がいまでも根強く残る。

　労働の基礎は，人間が生きること，人間の生活・暮らし，人間が生きる地域やそれを取り巻く自然環境が尊重されることにある。日本では，市場で労働力を提供し対価を得ることのできる「賃労働」や，家庭や地域でなく企業に属して働くことが人を評価する際の基軸になりがちなことに加え，どのような企業，どのような立場で仕事をしているかがより高く評価される。反面，再生産労働や目に見えにくい無償労働は，有償労働に比べると低く評価されがちであり，そのことも影響して，労働の基礎である「生活」や「地域」における活動も軽視されやすい傾向にある。日本では「生活」や「地域」が「労働」と同じように重要であることを訴えかける必要があり，それによってはじめて「人間らし

い働き方」も実現できることになる。

◆ 労働運動としての労働組合

　一方，長時間労働や経済格差といった日本の労働問題に対して，働きがいの
ある人間らしい仕事である「ディーセント・ワーク」（雇用のあり方研究会他
（2011）16頁）が目指されてきた。ディーセント・ワークを実現するには，「安
定した雇用の実現」「適度な労働時間，不規則労働の抑制，年次有給休暇の確
保」「ふつうの社会生活を送るのに必要十分な賃金の保障」という３つの要素
が重要になるといわれる（雇用のあり方研究会他（2011）19頁）。安定した良
質な雇用を保障するための具体的な労働条件を提案し，労働時間の短縮も訴え
てきたのが，労働組合である。

　労働運動は，本来，労働者が団結して，賃金や労働時間といった労働条件の
向上を資本家に要求する運動であり，日本では第一次世界大戦後は主に労働組
合がその役割を担ってきた。しかし，日本の労働組合は諸外国のそれとは異な
り，企業別労働組合という特徴をもっている。同じ企業に勤める正規雇用者と
非正規雇用者が同じ目標に向かって労働条件の改善を求める場合は交渉がうま
くいくケースもあるが，企業別労働組合の構成員の多くは正規労働者であり，
非正規労働者とのコミュニケーションがうまくいかずに，非正規労働者の労働
環境が十分に保障されないことも多い。そのため，企業や産業という枠を超え
て労働者同士が団結し，労働条件を改善するための提案を行うことがますます
重要になっている。近年では，業種を超えて，首都圏青年ユニオンなどの個人
加盟ユニオンに参加する若者が増えている。また，コミュニティ・ユニオンと
いう展開もある。コミュニティ・ユニオンは，「誰でも一人でもメンバーにな
れる企業外の労働組合」（濱口（2009）188頁）と捉えられることもあるが，
「局地的な／ローカルな労働運動を展開している労働組合」であり，「都市の小
さな事業所，工場，地方都市の労働者が自分たちの生活や仕事を守るために，
ひとり，またひとりと集まって動きだし，社会へ問いかけ，働きかけ，社会を
変えていこうとする新しいタイプの労働組合」と捉えられることもある（文

（2019）7頁）。「仕事（労働）」だけではなく，「生活」を守るために働きかける労働組合がコミュニティユニオンとされ，労働組合の本質は，まさにここにある。

労働者の生活を守るためには，労働組合も取り組んできた，法定労働時間の大幅な短縮も，社会全体が取り組んでいかなければならない大きな課題といえる。セルジュ・ラトゥーシュ（Serge Latouche）は，労働中心主義的な経済成長から抜け出すためには，労働時間の大幅な短縮が欠かせないと指摘する（Latouche（2021）p.56, 訳書（2023）47頁）。労働者が，日々の豊かな生活を守り，知識やスキルを身につけて夢を実現させるためには，自分がもっている労働力のうち「商品」として売る領域を制限しなければならないが，そのために一番効果的なのが，賃上げではなく労働日・労働時間の短縮であるといわれる（斎藤（2023）84〜85頁）。しかし，労働力を「商品」に閉じ込めて売り続けたい資本家に対して1人で挑んでも勝ち目はないため，労働者は団結することが必要であり，労働者にとってより良い方向に交渉を展開するためには，知識を得る時間も必要になる。このように，労働日・労働時間の大幅な短縮によって生活時間や知識を得る時間を増やすことは，資本主義社会の根底を見直すこと，そして生活をよりよくすることにつながる。

◆　労働の捉え直しとケア労働

これまで変化の乏しかった労働時間の短縮をめぐる議論に関して，変化のきっかけとなったのが，2020年に起きた新型コロナウイルスの感染拡大であった。感染拡大による外出自粛は，労働をめぐる価値観に大きな変化をもたらした。人々の在宅時間が増えたことによって，私たちはなぜ働くのかということに疑問を抱き，自分自身の生活時間や家族と過ごす時間，子育て時間や地域で過ごす時間を大切にしたほうが良いという観点から，ワーク・ライフ・バランスを自分事として捉える人が増えた。

平澤克彦は，労働を基軸とするワーク・ライフ・バランスではなく，労働の相対的な優位を問い直し，生活を基盤に労働のあり方を問うことが求められて

いると論じる（平澤（2021）10頁）。このような労働と生活の捉え方は，ジェンダー研究でも問われ続けている。たとえば，小倉利丸と大橋由香子は，日本社会は頑固なまでに「働く」ことに価値を置く社会であり，もはや男並みに働くことが目標ではなくなり，「働く」ということの意味内容を根底から問い直し，男によって形成されたこの労働社会を覆すことこそが課題であることを，30年以上前に述べている（小倉・大橋（1991）7頁）。また，「職場か家庭か」という単純な二項対立を超えて，「生産労働」と「再生産労働」のトータルな見直しの必要性にも言及している（小倉・大橋（1991）27頁）。すなわち，労働は生活を創り出す最も重要な活動ではあるが，生活のすべてではない（岩佐（2024）26頁）ということである。

　カール・マルクス（Karl Marx）は，資本主義社会は，利潤を最大化して資本を蓄積し，増殖させようとする資本の論理によって動いていて，生活の論理では動いていないことを明らかにした（岩佐（2024）31頁）。生活の論理とは，働く者の権利や利益を守ろうとする労働の論理をも包摂し，労働生活，消費生活，余暇生活も含め，人間的な生活を大切にしようとするものであり，平和で安全で快適な生活環境の中で，より良く生きるために自らの生活を他者と共に大切にし，他者の生活を自らの生活と同じように尊重しながら，労働生活を含めて生活を享受する価値的態度のことである（岩佐（2024）30〜31頁）。現代の日本社会においては，労働者は生活者でもあるということが忘れられがちであるが，労働の基礎には生活があるということを忘れてはならない。

　一方，ケア労働の見直しという文脈においても，そもそも労働とは何かが問われた。その背景には，新型コロナウイルスの感染拡大によって，特に，看護師などの医療労働，介護労働，保育労働などのケア労働は，人間の生命を支える労働として非常に重要な労働であることが明らかにされたにもかかわらず，日本では，その労働対価は非常に低く，社会的地位も低いといわざるを得ない現状があったことがあげられる。近年，ケア労働はますます担い手不足が深刻になってきている。東京都では，時給を2千円にしても訪問介護員が確保できないケースもある。あまりの担い手不足に，介護事業所を閉鎖するケースも増

えはじめ，日本の高齢者介護システムが維持できない状況になりはじめている。
そのような中，2020年に，管理業務や広報などといった，私たちを働かせ続け
るためだけに作られたような無意味な仕事といわれる「ブルシット・ジョブ
(Bullshit Jobs)」(Graeber (2019) p. xvi，訳書 (2020) 4頁) ではなく，ケ
ア労働のような人間の生命を守る労働を評価していくことが必要なのではない
かという議論が巻き起こった。日本では，より賃金の高い仕事のほうが優秀だ
と捉えられ，「再生産労働」である家事や子育てを含めたケアなどの無償労働
は，それに比べると劣ったものだと暗黙のうちに考えられている。やはり，こ
こでも，「生産労働」と「再生産労働」にトータルな見直しが必要といえるだ
ろう。

　また，現代の日本社会では，使用価値をほとんど生み出さないような労働の
ほうが，労働対価が高い点にも問題があることが指摘される。社会の基本的機
能や日常生活の維持にとって必要不可欠な医療，ケア，物流，食品業界での労
働といった「エッセンシャル・ワーク」が低賃金で恒常的な人手不足になって
いる。したがって，使用価値を重視する社会への移行が必要になると同時に，
「社会的有用物（使用価値）」を生産する経済が評価される社会になることも重
要といえる（斎藤 (2020) 315～316頁，参照）。

4　市民運動，労働運動と共に展開されてきた労働者協同組合

　以上のように，日本においては1960年代から「新しい社会運動」が展開され，
その後も市民が何度も立ち上がり，企業中心社会において自分たちの生活や地
域を自分たちに取り戻すため，市民活動や市民事業組織として形を変化させな
がら市民運動を脈々と展開し，資本主義に抗ってきた。また，「賃労働」者と
して働く労働者も，労働運動や労働組合運動を展開し，労働時間の短縮を訴え
ることなどによって，資本主義に抗ってきた。

　しかし，マクロな視点からみると，運動性をもって活動してきた市民自治の
精神は，気づかないうちに資本主義的な流れに「包摂」されてきた。労働組合

も，労働組合自体の数が減ってその取り組みが縮小する中，「生活」全般を守るために運動を展開するよりは，まず，正規労働者の賃金確保や労働条件の向上といった「労働」を守ることを強調しなければ，その存続が厳しいという現状があり，労働運動も気づかないうちに資本主義的な流れに「包摂」されてきた。

　このような経済成長を目的とする資本主義システムに対して，市民運動や労働運動と共に展開され，資本主義経済とは異なる経済圏を生み出そうとしてきた運動の1つに協同組合運動がある。その中でも，特に労働者協同組合は，人間らしい生活と人間らしい働き方を取り戻そうとする生活者や労働者が，現状を改善するだけでなく，オルタナティブな経済圏づくりを意識して事業を展開してきた点に特徴がある。加えて，2020年に起きた新型コロナウイルスの感染拡大によって人々が自分たちの生活や労働を再度見つめ直そうという想い，地域や生活をめぐるさまざまな課題に自治の精神をもって取り組もうとする住民・市民の自治活動の増加，人間らしい働き方の実現を目指す労働者の動きに呼応するかのように，いま，労働者協同組合が取り組んできた事業が改めて注目されるようになってきた。

　ありとあらゆるものを「商品化」する資本主義社会に対して，生活者としての市民が，生活において最低限必要となる「社会的有用物（使用価値）」の生産を行い，生活を基盤とした本来の人間らしい自立的・自律的な労働を目指す労働者協同組合として，日本では「ワーカーズ・コレクティブ」が生活クラブ生活協同組合と共に可能な限り非市場型のオルタナティブな経済圏を形成してきた。一方，労働者の労働力をも容易に「賃労働」として商品化していく資本主義に対して，社会的に孤立した人，失業者や生活困窮者をはじめとする社会的に排除されてきた労働者と共に，本来の人間らしい自立的・自律的な労働を目指す労働者協同組合として，日本では「ワーカーズコープ」が事業を拡大してきた。

　人間らしい生活と労働を実現するためには，労働時間を短縮することや社会における労働観を変えることなどが考えられる。ただ，労働が「雇用労働」で

ある限り，労働者が「構想すること」と「実行すること」を完全に統一するには限界がある。また，「賃労働」である限り，「疎外された労働」が発生する。そのため，「構想」と「実行」を統一できる可能性のある労働，そして，人間力を回復させる労働としての側面からも注目されているのが，労働者協同組合である。

「商品化」は希少性を生み出すことによって，人々を富める者ともたざる者に分断していく。商品化による本源的蓄積を止めるためには，誰もがアクセスできるみんなの共有財産としての「コモン」（斎藤（2023）30頁）を私たちの社会に増やしていく必要がある。「コモン」とは，社会的に人々に共有され，管理されるべき富のことであり，水や自然環境，電力や交通機関，住居，医療，教育といったものについて，市民が民主的・水平的に共同管理に参加することが重視される（斎藤（2020）141〜142頁）。現在の公的な社会保障サービスも，もともとは人々が形成してきた「コモン」であった（斎藤（2020）145頁）。

労働者協同組合は，2022年10月に施行された労協法の影響も受けて，地域コミュニティにおける協同の醸成や「小さな協同」の設立に拍車をかけている。たとえば，自治会の有志で地域資源を循環させる事業を行う事例，IT関係の仕事に就く人々がネットワークさえあればどこでも働ける特性を活かして地方移住し地元の人々だけでは解決できない地域課題に取り組む事例，親たちが地域の子どもたちのために多様な居場所をつくる事例，自営業の人々が共通の趣味でつながる仲間と共に地域の遊休地を生かしたキャンプ場を運営する事例など，これまで市民活動に積極的に関わってこなかった住民たちが，地域の中で共同体的に起業することに興味をもち，多種多様な「コモン」を生み出す労働者協同組合が設立されはじめている。

しかし，「コモン」を増やすことに関して，既存の協同組合や労働者協同組合だけがそれを何とかできるだろうと考えることは希望的観測にすぎない。戦後から展開されてきた市民運動や労働運動，さまざまな地域に展開される自治的な取り組み，そして，人間らしい生活や労働を目指し全国的に広がる新たな「コモン」的な取り組みをつなげて，誰もがアクセスできる場や時間や知恵を

第1章　市民や労働者を主体とする社会運動の広がり　*29*

共有していく必要がある。

　社会は，そこに住む1人ひとりの考えや言葉からできている。できる限り多くの人が参加でき，自発性をもってお互いを尊重しながら自由に発言できるオープン・アクセスな場を形成することが，オルタナティブな社会を考える上では重要になる。ただ，協同組合はその運動の性格から，運動性を高めるほど閉鎖的になりがちである。そこで重要になるのが，市民まちづくりや市民活動や市民自治・住民自治との連携である。このような連携の必要性については，第6章で触れたい。

[注]

1　法人とは，法律によって人格（法的人格）を与えられた団体であり，法律上，権利・義務の主体となり権利能力を有する団体をいう。団体に権利能力が認められると，団体自らの名義で直接的に権利・義務の主体となって財産関係を形成することができる（岩崎（2014）6頁）。したがって，法人化の利点として，たとえば，法人名義による預金口座開設・賃貸契約・不動産登記・資金調達などができるため資産の保存や財産管理が容易になること，財産の相続問題が発生しないこと，社会的信用が高まること，補助金や事業の委託を受けやすいことなどがあげられる。

2　NPO法は，議員と市民が協力してつくりあげた先駆的な法律と評されるが，当初は「市民活動促進法案」として審議開始されたものが，その審議過程において，具体的には1998年（平成10年）2月5日に開催された第142回国会の参議院の労働・社会政策委員会において，法案にある「市民活動」の表現に異議が提出され，法案名称は市民活動促進法案から特定非営利活動促進法案に変更された上で，1998年3月19日に可決されて成立した（国会会議録検索システムより，第142回国会，参議院，労働・社会政策委員会第5号を検索）。これは，当時，社会運動を背景に発展してきた市民活動あるいは市民という言葉に，理解が得られなかったことの表れともいえる。

3　新自由主義は，デヴィッド・ハーヴェイ（David Harvey）によれば，「強力な私的所有権，自由市場，自由貿易を特徴とする制度的枠組みの範囲内で個々人の企業活動の自由とその能力とが無制約に発揮されることによって人類の富と福利が最も増大する，と主張する政治経済的実践の理論」（Harvey（2005）p.2，訳書

30

（2007）10頁）と定義される。デヴィッド・ハーヴェイは，新自由主義の根幹にある資本主義社会の「略奪による蓄積」に対するオルタナティブのあり方について警鐘を鳴らしている。それは，「何度となく繰り返し政治運動はオルタナティブな空間を構築してきた。その内部では一見したところ異なる何かが起こるのだが，そのオルタナティブはたちまち資本主義的再生産の支配的実践に再吸収されてしまう（労働者協同組合，参加型予算，等々の歴史を見よ）。その際の結論は明らかに，まさにこの支配的実践こそ対処しなければならない当のものである」（Harvey (2011) p.242，訳書（2012) 300頁）という一文に表れている。すなわち，歴史的にみてNPOや労働者協同組合などのオルタナティブ組織は，何度も台頭してきては新自由主義やそのベースにある資本主義社会に吸収されてきたため，それらと対峙しなければならないことが述べられている。さらにいえば，経済システムすら転換しなければ「略奪による蓄積」が解消されないことは，常に念頭に置く必要がある。

4　厚生労働省ウェブサイト「労働者派遣事業の令和4年6月1日現在の状況（速報）」https://www.mhlw.go.jp/stf/houdou/0000199502_00008.html

[第1章・引用文献]

・Graeber, D.（2019）*Bullshit Jobs: A Theory*, Penguin Books.（酒井隆史・芳賀達彦・森田和樹訳（2020）『ブルシット・ジョブ―クソどうでもいい仕事の理論』岩波書店。）

・Harvey, D.（2005）*A Brief History of Neoliberalism*, Oxford University Press.（渡辺治監訳，森田成也・木下ちがや・大屋定晴・中村好孝訳（2007）『新自由主義―その歴史的展開と現在』作品社。）

・Harvey, D.（2011）*The Enigma of Capital and the Crises of Capitalism*, Profile Books.（森田成也・大屋定晴・中村好孝・新井田智幸訳（2012）『資本の〈謎〉―世界金融恐慌と21世紀資本主義』作品社。）

・Latouche, S.（2021）*Travailler moins, travailler autrement, ou ne pas travailler du tout*, Bibliothèque Rivages.（中野佳裕訳（2023）『脱成長がもたらす働き方の改革』白水社。）

・阿部彩（2007）「現代日本の社会的排除の現状」福原宏幸編著『社会的排除／包摂と社会政策』法律文化社，129～152頁。

・天野正子（1996）『「生活者」とはだれか―自律的市民像の系譜』中公新書。

第1章　市民や労働者を主体とする社会運動の広がり　*31*

・雨森孝悦（2020）『テキストブックNPO―非営利組織の制度・活動・マネジメント（第3版）』東洋経済新報社。
・岩佐茂（2024）『マルクスの生活者の思想とアソシエーション』桜井書店。
・岩崎保道編著（2014）『非営利法人経営論』大学教育出版。
・大阪ボランティア協会ボランタリズム研究所監修（2022）『増補改訂版 日本ボランティア・NPO・市民活動年表』明石書店。
・小倉利丸・大橋由香子編著（1991）『働く／働かない／フェミニズム―家事労働と賃労働の呪縛?!』青弓社。
・風見正三・山口浩平編著（2009）『コミュニティビジネス入門―地域市民の社会的事業』学芸出版社。
・北島健一・藤井敦史・清水洋行（2005）『イギリスの社会的企業の多元的展開と組織特性（平成15年度～平成17年度科学研究費補助金による研究成果・中間報告書）』。
・雇用のあり方研究会・伍賀一道・西谷敏・鷲見賢一郎・後藤道夫編著（2011）『ディーセント・ワークと新福祉国家構想―人間らしい労働と生活を実現するために』旬報社。
・斎藤幸平（2020）『人新世の「資本論」』集英社。
・斎藤幸平（2023）『ゼロからの「資本論」』NHK出版。
・斎藤幸平・松本卓也編（2023）『コモンの「自治」論』集英社。
・高田昭彦（1998）「現代市民社会における市民運動の変容―ネットワーキングの導入から『市民活動』・NPOへ―」青井和夫・高橋徹・庄司興吉編『現代市民社会とアイデンティティ』梓出版社，160～185頁。
・谷本寛治編著（2006）『ソーシャル・エンタープライズ―社会的企業の台頭』中央経済社。
・暉峻淑子（1989）『豊かさとは何か』岩波書店。
・内閣府（2020）『男女共同参画白書 令和2年版』。
・中川幾郎編著（2022）『地域自治のしくみづくり 実践ハンドブック』学芸出版社。
・濱口桂一郎（2009）『新しい労働社会―雇用システムの再構築へ』岩波書店。
・広井良典（2019）『人口減少社会のデザイン』東洋経済新報社。
・平澤克彦（2021）「ワークライフ・インテグレーションの分析視角」平澤克彦・中村艶子編著『ワークライフ・インテグレーション―未来を拓く働き方』ミネルヴァ書房，1～31頁。
・藤井敦史・原田晃樹・大高研道（2013）『闘う社会的企業―コミュニティ・エンパ

ワーメントの担い手』勁草書房。

・前田信彦（2010）『仕事と生活―労働社会の変容』ミネルヴァ書房。

・文貞實編著（2019）『コミュニティ・ユニオン―社会をつくる労働運動』松籟社。

第 2 章

日本における労働者協同組合の展開

　人々がより主体的に生きるための手段として，近年改めて注目されているのが，協同組合の1つとしての労働者協同組合である。

　労働者協同組合は，その地域に住む人々自らが組合員となり，主体的に地域の仲間に働きかけ，その仲間と共に働くことを通じて，地域課題を解決していく協同組合である。自らが経営者となり，仲間と共に働くことによって，人間らしい生活や労働とは何か，さらにいえば人間とは何かを考えるきっかけになる。

　労働者協同組合は，いま，世界中に広がりをみせている。たとえば，スペイン・バスク地方のモンドラゴン協同組合（Corporación Mondragon），フランスやブラジルの連帯経済（Solidarity Economy），アルゼンチンの回復工場（fábricas recuperadas）などの動きに加え，韓国をはじめとする東アジア，そして，東南アジアでも労働者協同組合の設立が増えている。経済格差の深刻なアメリカでも，現代資本主義社会に対抗するアソシエーションの1つとして，労働者協同組合はますます広がりをみせ，日本でもその取り組みは拡大している。

　第2章では，労働者協同組合の定義と日本における発展の契機を確認した上で，日本の代表的な労働者協同組合がどのように展開されてきたのか，またその代表的な事例のいくつかを紹介し，さらに組織構成についても確認していく。

1 労働者協同組合の定義と日本における発展

1-1 労働者協同組合の定義

　労働者協同組合は，一般的に，そこで働く人々が所有し管理する協同組合と定義される（Mellor, Hannah and Stirling（1988）p.x.，訳書（1992）12頁。富沢（1997）328頁）。富沢賢治は，産業部門を問わず，どのような事業を営もうとも，事業を営む人々が所有権と管理権を有し，かつ事業が協同組合原則に基づいて運営される事業組織であれば労働者協同組合であるということを，その国際比較から分析している（富沢（1987）145頁）。

　米国労働者協同組合連合会（United States Federation of Worker Cooperatives：USFWC）は，労働者協同組合を，そこで働く人々によって所有され管理される事業と定義している[1]。英国協同組合連合会（Co-operatives UK）は，労働者協同組合を，そこで働く人々によって所有され運営される企業（trading enterprises）であり，働く人々は事業内容に関して平等な発言権をもち，彼らが提供する製品やサービスから生まれる富を公正に分かち合うと定義している[2]。

　アメリカでもイギリスでも，労働者協同組合を規定する際に重視されている要素は，「そこで働く人々」が「所有」および「管理」あるいは「運営」をするということである。

　労働者協同組合も含めた協同組合は，国際協同組合同盟（International Cooperative Alliance：ICA）によって1995年に発出された「協同組合のアイデンティティに関する声明」（The ICA Statement on the Co-operative Identity）によって，「人びとの自治的な組織であり，自発的に手を結んだ人びとが，共同で所有し民主的に管理する事業体をつうじて，共通の経済的，社会的，文化的なニーズと願いをかなえることを目的とする」（MacPherson（1996）p.1，訳書（2000）16頁）と定義される。すべての協同組合において，

組合員がその組織を「共同所有」し，「民主的に管理」することが組織特性といえる。それに加えて，労働者協同組合の場合は，組合員が組織の所有者というだけでなく，「労働者」であることが組織特性になる。英語圏では，労働者協同組合の組合員が，その組織の所有者であり労働者であることを明確にするため，「worker-owner」という表現を用いることが少なくない。国際労働機関（International Labour Organization：ILO）は，労働者協同組合を「その構成員が労働者であり所有者でもあるという特有の民主的なガバナンス構造をもち，そこでは，意思決定はその事業に直接関わる人たちによって行われる」と定義し[3]，「member-worker-owner」という表現を用いることで，意思決定に直接関わる構成員が，労働者であり所有者でもあるということが強調されている。

　企業の所有者（owner）は，「企業の利益あるいは残余財産の請求権」と「企業の統制（control）に対する権利」という2つの公式的権利をもつ人である（Hansmann（1996）p.11，訳書（2019）13頁）。この点に関して，労働者協同組合では，出資によって組合員（所有者）になった労働者は，従事分量配当と出資配当の請求権をもつことに加えて，1人1票を基礎に労働者協同組合を経営し管理するという統制権を与えられることになる。現代企業では「所有と経営の分離」（Berle and Means（1932））が「当たり前」になり，所有者である株主は，専門経営者などに経営を任せることから，2つの公式的な権利のうち「企業の統制に対する権利」をもっていたとしても，実際は放棄されているともいえる。また，資本主義のもとで生産力が高まると，「構想」は特定の資本家や専門経営者などによって独占され，労働者は「実行」のみを担うようになるという「構想と実行の分離」（Braverman（1974）pp.113-114，訳書（1978）128頁）が起こる。したがって，労働者協同組合は，労働者が所有者であり経営者になることによって，理論上は，企業が当然の前提としてきた，「所有と経営の分離」と「経営と労働の分離」（「構想と実行の分離」：筆者）の克服・再統一を実行しようとする運動および事業（手島（1993）16頁）ということになる。

　さて，日本における労働者協同組合は，前述した定義を踏まえると，大きく

分けて2つの類型として発展してきた。1つは、「ワーカーズ・コレクティブ」と呼ばれる生活クラブ運動から派生した労働者協同組合、もう1つは、「ワーカーズコープ」と呼ばれる日本労働者協同組合連合会傘下の諸組織である。

　もちろん、ワーカーズ・コレクティブやワーカーズコープという名称が使用されていなくても、労働者協同組合のように、労働者が所有も経営も担っている組織は少なくない。たとえば、農村女性起業、社会的事業所やソーシャル・ファーム、障害者支援団体などの中には、労働者協同組合と捉えられる組織が複数存在するともいわれる。そのため、日本における労働者協同組合の総数を把握することは、現実的に難しいといわれる。また、1980年以前の労働者協同組合として、生産協同組合あるいは生産組合が取り上げられることもあるが（たとえば、樋口（2020））、本書では、1980年のICAのレイドロー報告をきっかけに全世界に広がりをみせた労働者協同組合としてのワーカーズ・コレクティブおよびワーカーズコープを主な研究対象にする。

1-2　日本における労働者協同組合の発展

　ビアトリス・ポッター・ウェッブ（Beatrice Potter Webb）は、1891年に、生産者組合[4]（Association of Producers）（労働者協同組合）が衰退する理由として3つの欠如を指摘した。それは、①資本の欠如（want of capital）、②販路の欠如（want of custom）、③経営能力の欠如（absence of administrative discipline）である[5]。この指摘によって、イギリスでは生産者協同組合（労働者協同組合）よりも消費者協同組合が優先されてきたという歴史があり（塚本（1998）73〜74頁）、他国の協同組合運動にも影響を及ぼした。

　その約90年後、それまであまり評価されていなかった労働者協同組合が、世界でも日本でも、本格的に研究されるようになった。そのきっかけは、1980年のICAモスクワ大会において、アレクサンダー・フレイザー・レイドロー（Alexander Fraser Laidlaw）の報告「Co-operatives in the Year 2000」〈レイドロー報告〉（Laidlaw（1980））が協同組合の思想的危機を唱えて、協同組合運動の再生の担い手として労働者協同組合の役割に大きな期待を寄せた時から

である。

　レイドロー報告は，協同組合が取り組むべき4つの優先分野として，①世界の飢えを満たす協同組合，②生産的労働のための協同組合，③保全者社会のための協同組合，④協同組合地域社会の建設を取り上げた（Laidlaw（1980）pp.58-66，訳書（1989）156〜180頁）。特に，②の生産的労働のための協同組合については，「過去20年間における世界の協同組合にとっての，最も重要かつ大きな変化の1つは，労働者協同組合に関する全面的な概念の回復」であり，「労働者協同組合に多くの期待が寄せられている」（Laidlaw（1980）p.59，訳書（1989）158頁）と，労働者協同組合を高く評価している。また，労働者協同組合は，「たんなる雇用や所有しているという感覚よりも，もっと深い内面的ニーズ，つまり人間性と労働とのかかわりに触れるもの」（Laidlaw（1980）p.60，訳書（1989）162頁）であるとも評価される。

　このように，それまで消費者協同組合が中心に位置づけられてきた協同組合運動から，労働者協同組合の役割と発展可能性の再評価という点において，レイドロー報告は画期的なものであり，その後の日本の労働者協同組合の発展とその運動に大きな影響を与えることになった。レイドロー報告は，スペインのモンドラゴン協同組合を労働者協同組合の成功例として世界に紹介した。そのことをきっかけに，世界のさまざまな労働者協同組合の取り組みを知った日本の労働者協同組合関係者は，1980年代に実際にアメリカの西海岸や欧州を視察して，自組織を表現する際にワーカーズ・コレクティブやワーカーズコープという言葉を用いるようになった。

　レイドロー報告は，日本の学界や労働者協同組合研究にも大きな影響を与えた。日本では，レイドロー報告を受けて，1981年に日本協同組合学会が結成され，4月に行われた第1回大会シンポジウム「現代社会における協同組合運動の役割」において，「労働者生産協同組合運動の現代的意義―協同組合運動の新しい潮流」と題する報告が，石見尚によって行われた（石見（1981））。

　その後，ICAによる1995年の「協同組合のアイデンティティに関する声明」（The ICA Statement on the Co-operative Identity）における協同組合の価値・

原則（図表2-1）も，日本の労働者協同組合運動の組織運営に大きな影響を与えた。特に，ワーカーズ・コレクティブの「価値と原則」および，ワーカーズコープの「7つの原則」に大きな影響を与えている。

2　ワーカーズ・コレクティブ

　日本の労働者協同組合は，協同組合運動の流れを受けながらも，大きく分けて2つの類型として展開されてきた。まず，ワーカーズ・コレクティブの定義，歴史，事業内容と規模，代表的な事例（労働者協同組合の事例として紹介されることの多い団体），そして，その特徴についてみていく。

2-1　定　義

　日本における労働者協同組合の1つであるワーカーズ・コレクティブは，「地域に暮らす人たちが生活者の視点から地域に必要な"もの"や"サービス"を市民事業として事業化し，協同組合（自分たちで出資し，経営し，労働も担う）で運営する『働く人たちの協同組合』である。このような働き方は『雇用された労働ではなく，対等な立場で自主的に自己決定し，責任を持つ協同する労働』」であるということが，2004年に発行された第6回ワーカーズ・コレクティブ全国会議の記録集に明記されている（第6回ワーカーズ・コレクティブ全国会議実行委員会（2004）61頁）。

　ワーカーズ・コレクティブが定義される約10年前の1995年には，第2回ワーカーズ・コレクティブ全国会議の記録集で，ICA声明の価値と原則を踏まえて，日本のワーカーズ・コレクティブの活動・運動の指針として「価値と原則」（図表2-2）が具体化されている。

2-2　歴　史

　ワーカーズ・コレクティブは，もともと，生活クラブ運動から派生した労働者協同組合である。生活クラブ運動は，生活者主権の確立を通して社会の仕組

第2章　日本における労働者協同組合の展開　*39*

（ 図表2-1 ）　ICAの1995年の声明「協同組合のアイデンティティに関する声明」
における協同組合の定義・価値・原則

<定義>
　協同組合は，人びとの自治的な組織であり，自発的に手を結んだ人びとが，共同で所有し民主的に管理する事業体をつうじて，共通の経済的，社会的，文化的なニーズと願いをかなえることを目的とする。
<価値>
　協同組合は，自助，自己責任，民主主義，平等，公正，連帯という価値を基礎とする。協同組合の創設者たちの伝統を受け継ぎ，協同組合の組合員は，正直，公開，社会的責任，他人への配慮という倫理的価値を信条とする。
<原則>
　協同組合原則は，協同組合がその価値を実践するための指針である。
第1原則：自発的で開かれた組合員制
　協同組合は，自発的な組織であり，性による差別，社会的，人種的，政治的，宗教的な差別を行なわない。協同組合は，そのサービスを利用することができ，組合員としての責任を受け入れる意志のあるすべての人びとに開かれている。
第2原則：組合員による民主的管理
　協同組合は，組合員が管理する民主的な組織であり，組合員は，その政策立案と意思決定に積極的に参加する。選出された役員として活動する男女は，すべての組合員に対して責任を負う。単位協同組合の段階では，組合員は平等の議決権（1人1票）をもっている。他の段階の協同組合も，民主的方法によって組織される。
第3原則：組合員の経済的参加
　組合員は，協同組合に公正に出資し，その資本を民主的に管理する。少なくともその資本の一部は，通常，協同組合の共同の財産とする。組合員は，組合員になる条件として払い込まれた出資金に対して，利子がある場合でも，通常，制限された利率で受け取る。組合員は，剰余金を次のいずれか，またはすべての目的のために配分する。準備金を積み立てて，協同組合の発展に資するため―その準備金の少なくとも一部は分割不可能なものとする。協同組合の利用高に応じて組合員に還元するため。組合員の承認により他の活動を支援するため。
第4原則：自治と自立
　協同組合は，組合員が管理する自治的な自助組織である。協同組合は，政府を含む他の組織と取り決めを行なう場合，または外部から資本を調達する場合には，組合員による民主的管理を保証し，協同組合の自治を保持する条件のもとで行なう。
第5原則：教育，研修および広報
　協同組合は，組合員，選出された役員，マネジャー，職員がその発展に効果的に貢献できるように，教育と研修を実施する。協同組合は，一般の人びと，特に若い人びとやオピニオンリーダーに，協同することの本質と利点を知らせる。
第6原則：協同組合間の協同
　協同組合は，地域的，全国的，（国を越えた）広域的，国際的な組織をつうじて協同することにより，組合員にもっとも効果的にサービスを提供し，協同組合運動を強化する。
第7原則：地域社会への関与
　協同組合は，組合員が承認する政策にしたがって，地域社会の持続可能な発展のために活動する。

出典：MacPherson（1996）p.1，訳書（2000）16～21頁。

40

| 図表2-2 | ワーカーズ・コレクティブの価値と原則 |

<価値>
　ワーカーズ・コレクティブは相互扶助の精神で自立，相互責任，民主主義，平等，公正という価値に基礎をおきます。またそのあらゆる活動において，正直，公開，社会的責任，ならびに他者への配慮を大切にします。
<原則>
１．目的
　ワーカーズ・コレクティブは社会的，経済的自立をめざす人々が，地域に開かれた労働の場を協同で作りだすものです。
２．加入
　協同労働に参加し，人間としての自立を推進する事業を共有するために，責任を引き受ける用意のある人は，誰でも自発的意思によって出資をして加入できます。
３．民主主義
　小集団制をとり一人一票の民主的運営を行います。また一人ひとりが経営責任を負い，組織の情報を共有します。
４．財務
　初期出資で起業する自覚を持ち，また起業に必要な資本を準備します。なお資本の一部分は，不分割とし，個人に帰さないものとします。社会的基準による公正な労働所得および社会保障の実現をめざし，財務に関する情報は公開しなければならない。解散時に清算後の組合財産は他の協同組合，またはワーカーズ・コレクティブに譲ります。
５．教育
　自立をめざして，社会，経済，エコロジー等についての基礎知識を学習し，生活価値産業の技能を共育によって高めます。
６．地域社会への貢献
　ワーカーズ・コレクティブの事業は地域の生活価値に直結するものであるから，事業を通じて地域社会の維持発展に役立つ領域を拡大していきます。
７．協同組合間協同
　ワーカーズ・コレクティブ及び他の協同組合等との提携による協同事業，共同利用施設の設置を進めます。
８．公的セクターとの関係
　ワーカーズ・コレクティブは，政府その他の公的組織から独立した市民の団体です。目的および地域社会への責任をはたす上で必要な事業については，事業分野を明確にした上で，公的セクターとの連携を行います。

出典：ワーカーズ・コレクティブ全国会議実行委員会（1995）33頁。

みを変える生活者運動であり（佐藤（2007）77頁），①共同購入を基盤とした「生活クラブ生活協同組合」（以下，生活クラブ生協），②各地域で多業種の事業を，自己資本，自主管理，自己労働で運営する「ワーカーズ・コレクティブ」，③生活者の代理人を地方議会に送る「代理人運動」（各地域の「生活者ネットワーク」）という３つの柱で成り立ってきた（佐藤（2007）79頁）。

　労働者協同組合に関する研究では，ワーカーズ・コレクティブを単体の事業として捉えがちだが，ワーカーズ・コレクティブを知る上では，生活クラブ運動について俯瞰することが，その理念や原点を知る上でも非常に重要といえる。

◆　生活クラブ運動と生活クラブ生協

　もともと，生活クラブ運動は，1960年代の公害・環境問題や食の安全性の問題を背景に，「新しい社会運動」の１つとしても発展し，「生活という土壌」において，「クラブという人間関係」を意識しながら，「協同組合という理念・経営手法」を用いて社会運動を展開してきた（横田（2002）70頁，参照）。また，「自分で考え，自分でやる」「自分で考え，自分で行動する」ことが，生活クラブ運動全体の基礎にある（岩根（2012）160頁，横田（2002）53・74頁）。

　生活クラブ運動の第１の柱である生活クラブ生協は，1965年に世田谷区において，１人の主婦の「牛乳を安く飲みましょう」という地域への呼びかけによる集団飲用（共同購入）運動から誕生した（小澤（2019）73頁）。1965年当時は，脱脂乳や加工乳などが主流だったため，地域の主婦たちが普通牛乳の共同購入をしながら牛乳とは何かを学び，確かな品質の牛乳を確実に手に入れたいと考えるようになった。運動の初期は，約200人による共同購入だったが，1967年には会員が1,000人を超え，１日2,400本の牛乳を配る規模に拡大した。1979年には，会員と酪農家が共同出資して，生活クラブ生協直営の牛乳工場が設立され，牛のえさから飼育環境，生産農家，原乳の品質管理，収乳と製造日，製造と洗浄工程，容器や価格まで，すべてを把握できる牛乳が購入できるようになった。このような取り組みが，生活クラブ生協の原点になっている[6]。

　1968年には，生活協同組合の法人格を取得し，班別予約共同購入がはじまっ

た。1984年には，東京で個別配送による予約共同購入が開始された。現在は，参加する組合員のライフスタイルに合わせて個別配送の割合が増えているが，いずれの形態にせよ，予約共同購入が行われている。予約共同購入とは，組合員の注文を生活クラブ生協がまとめて生産者へ注文するという「まとめ買い」（共同購入）のことを意味する[7]。生活クラブ生協では，取り扱う商品は「消費材」と呼ばれる。消費材とは，売るためではなく使うために作ったものであることを意味し（横田（2002）44頁），売ることを目的に生産される商品とは一線を画した用語になっている。すなわち，使用価値のあるものを生み出す「使用価値経済」を形成しているということになる。消費材の価格は，市場価格をベースにするのではなく，生産原価にしたがって生活クラブ生協と生産者が話し合いによって決める「生産原価保障方式」が採られているが，予約共同購入によって生産者は計画的に効率良く生産・出荷することが可能になり，製品の保管や物流コストを抑えられることから安心してものづくりに取り組むことができるため，このような方式を採用することができる[8]。組合員にとっても，適正な価格で消費材を購入することができるという利点がある。

　生活クラブ生協は，一般的に，予約共同購入に意義があるようにみられがちだが，1960年代に孤立しがちだった主婦たちが生活クラブ生協の班活動を通じて，新たな人間関係と生きがいを見出し（小澤（2019）71頁），旧来の地域社会や共同体の崩壊に対して，1人ひとりの人間を基礎にした新しいコミュニティの創出によって，能動的な社会システムを形成しようとしたことにも意義があった（岩根（2012）184頁）。

◆ 生活クラブ生協の拡大と代理人運動

　1971年には，「生活クラブ生協・神奈川」（前身は「みどり生協」）が誕生し，1978年には，東京，神奈川をはじめ，千葉や長野などの単協を統括する組織として「生活クラブ連合本部」が発足し，1990年には「生活クラブ事業連合生活協同組合連合会（略称：生活クラブ連合会）」へと発展した。生活クラブ生協は，その後も成長し，2024年に，生活クラブ連合会には21の都道府県における

33の単位生協が加盟し，会員生協の組合員数の総計は42万人になっている[9]。1965年に200人からはじまった生活クラブ生協は，全国に幅広く拡大してきた。

　生活クラブ生協の研究機関としては，生活クラブ生協グループ全体のシンクタンクとして，1981年に東京において社会運動研究センターが設立され，1996年に市民セクター政策機構に改組された。また，生活クラブ生協に関連する研究所として，2001年に神奈川県において参加型システム研究所が設立された。

　生活クラブ生協の創設者たち[10]は，1960年代の環境問題や食の安全性に関心をもつ，地域の専業主婦層，特に中産階層の女性の生活感覚に訴えかけて，彼女たちの自発性・主体性を引き出すことによって，生活者運動の主体として組織化を進めた（佐藤（2007）79頁）。主婦たちは地域を動かそうと歩み出し，1970年代には各地で「せっけん運動」を展開し，ごみ収集問題などで署名を集めて，地方議会に請願や直接請求を行うようになった。しかし，議会に署名を提出しても否決されてしまうことが続いたため，既成政党によらない市民参加の政策議論を地方議会につくり出そうと，生活者の代弁者である「代理人」を議会に送り出す運動として「代理人運動」をはじめた（小澤（2019）71～72頁）。これが，生活クラブ運動の2本目の柱である。

◆　生活クラブ生協とワーカーズ・コレクティブ

　生活クラブ生協は，1982年に，班別予約共同購入システムに加えて，地域に設けられた「デポー」（フランス語で荷捌き所という意味，小型店舗形式のこと）を拠点とするもう1つの共同購入システムをはじめた。その際，デポーのフロア業務を誰がどのように担うべきかが課題とされる中，注目された働き方が，アメリカで広がっていたワーカーズ・コレクティブであった（『参加型福祉社会を拓く』出版プロジェクト編著（2000）106頁）。そして，その業務を受けるべく，日本初のワーカーズ・コレクティブとして誕生したのが，1982年に神奈川において設立された「ワーカーズ・コレクティブにんじん（人人，以下にんじん）」である。「にんじん」は，資本（出資）・経営・労働の一体化を事業運営の基本とし，働くことの復興を目的に事業を行ってきた。

ワーカーズ・コレクティブにおける働き方は,「コミュニティワーク」と捉えられてきた。コミュニティワークとは,労働によって生み出される使用価値を交換する場を近隣社会というコミュニティに置き,交換と消費に直接関与する循環的行為を行うことであり,コミュニティワークが行われる経済は,オルタナティブ経済と捉えられる(横田(2002)98〜99頁,参照)。コミュニティワークでは,価値生産と価格決定をコミュニティにおける人と人との関係の中で決定し,相互扶助による労働を社会化することが目指されてきた。これは,「見えざる労働」である「アンペイド・ワーク」と「賃労働」に対するオルタナティブを目指す取り組みであり,特に,活動の担い手の大半が女性であるワーカーズ・コレクティブにとって,それまで主に女性によって担われてきた「アンペイド・ワーク」を本来の労働であると位置づけて社会化していくという大きな意義をもっていた。

ワーカーズ・コレクティブの誕生は,労働者の納得性を高めることにつながった。たとえば,料理の得意な人たちが集まれば,その生活技術を活かした仕出しのワーカーズ・コレクティブがはじまるなど,当時,産業化の周辺部に置かれて閉塞感を抱き,孤立した状況にあった女性たちの「自己実現をしたい」というエネルギーと創造性を引き出すことに成功した。その後,生活に関わるさまざまな仕事が生まれ,ワーカーズ・コレクティブの事業は広がっていった。1984年には,生活クラブ生協・東京と千葉でもワーカーズ・コレクティブが設立され,それ以降,各地の生活クラブ生協でワーカーズ・コレクティブ運動が広がっていった。

生活クラブ生協における役員や委員はローテーションしていくが,役員や委員を退任する組合員がその活動から卒業するのではなく,組合員活動の中で育んだ人脈,知見,スキルを活かして,地域で活躍できる場としてワーカーズ・コレクティブ運動に携わることができた側面からも,その存在は有効だったと分析される(伊藤(2023)7頁)。

福祉事業に直接関連する領域では,1985年に家事・介護のワーカーズ・コレクティブ,1986年にはデイサービスのワーカーズ・コレクティブが誕生し,

1988年には福祉クラブ生協の設立に向けて，宅配による共同購入を担う世話焼きワーカーズ・コレクティブの活動もはじまった（「参加型福祉社会を拓く」出版プロジェクト編著（2000）107頁）。

　福祉事業を担うワーカーズ・コレクティブも広がりをみせる中，各都道府県にワーカーズ・コレクティブの連合組織が設立されると共に，1989年には「全国市民事業連絡会」が結成された。その後，さらにワーカーズ・コレクティブが増加する中で，1995年には，そのネットワーク化と社会的認知の促進，またワーカーズ・コレクティブの事業活動に適合的な組織形態の法制化などを課題に，全国市民事業連絡会は，全国組織としての「ワーカーズ・コレクティブネットワークジャパン（以下，WNJ）」へと発展した。

　ワーカーズ・コレクティブでは，全国に活動が点在していることから，2年に1回，各地のワーカーズ・コレクティブの組合員が集まって全国会議が開かれている。WNJが設立される2年前の1993年に，「ワーカーズ・コレクティブ全国会議」が埼玉の国立婦人教育会館（現・国立女性教育会館）で開催され，その後は2年ごとに開催されている。直近では，2024年1月に埼玉県川越市で，第16回目の全国会議が開催された。

　ワーカーズ・コレクティブは，その誕生から今日まで，資本（出資）・経営・労働の一体化した事業によって，民主主義，平等，連帯などの価値と原則の実現を追求する組織として，女性や高齢者を主体に，さまざまな分野において，地域のニーズを社会的有用物と把握し，多くの財・サービスの生産・供給事業を実施してきた。そして，ワーカーズ・コレクティブは，単なる労働者協同組合という単体事業ではなく，生活クラブ運動の3つ目の柱として，生活クラブ生協，代理人運動と共に，生活に密着した市民運動として展開されてきた。

2-3　事業内容と規模

　WNJに加盟している2024年のワーカーズ・コレクティブ数は295団体，メンバー[11]数は6,186人，総事業高は108億5,777万円である（WNJ（2024）92頁）。団体数の推移は**図表2-3**，メンバー数の推移は**図表2-4**，総事業高の推移は

図表2-5の通りである。

ワーカーズ・コレクティブがほぼ隔年で発行し，一般向けにも販売されている全国会議資料（アンケート調査による集計結果）によれば，ワーカーズ・コレクティブの事業内容は，訪問介護，施設での家事援助・介護，デイサービス，居宅介護支援事業所などの「介護関連事業」が最も多く，ついで，「仕出し弁当・配食・惣菜・レストランなど」「生協（生活クラブ生協）業務受託」「託児・保育・学童保育・塾・ひろばなど」となっている（図表2-6）。2024年のメンバーの性別は，女性が90％という特徴がある[12]。2024年のメンバーの年代は，10代・20代1.5％，30代4.9％，40代13.9％，50代23.1％，60代32.9％，70代以上23.7％であり，60代以上のメンバーは56.6％にのぼる[13]。2024年のメンバーの勤続年数は，1年未満が13.3％，3年未満が13.0％，5年未満が10.5％，10年未満が20.4％，15年未満が17.1％，15年以上が25.7％と，15年以上のメンバーが一定数いることがわかる[14]。月間労働時間は，80時間未満が半数以上（図表2-7），年収は103万円未満が半数以上（図表2-8）を占めていることも特徴的である。ワーカーズ・コレクティブのメンバーは，扶養控除の枠内（年収103万円）で働く人が大半であることが推測される。年収103万円未満の人が2003年に84.3％であったことに比べ，2024年には62.5％へ減少し，年収200万円以上は18.0％に増加していることから，20年の間に，年収が少しずつ上がっていることが読み取れる。

ワーカーズ・コレクティブの団体数は，2007年の600団体をピークに，2008年の世界的な金融危機による同時不況の時期とも重なり，2009年以降は減少し，2024年にはピーク時の約半数の295団体にまで減っている（図表2-3）。団体数が減少した原因にはさまざまな要因が考えられるが，市民セクター政策機構によれば，解散による減少より，ワーカーズ・コレクティブ同士の組織統合（たとえば，配送の団体とデポー運営の団体の統合など）による減少が影響していると分析されている（市民セクター政策機構編集部（2021）37頁）。また，この団体数に関する統計は，WNJに加盟している団体を数えたものであるが，この時期にWNJから複数の団体が脱退したことも影響していると分析されて

第2章　日本における労働者協同組合の展開　*47*

図表2-3　ワーカーズ・コレクティブの団体数の推移

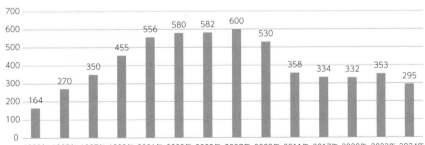

出典：第6回ワーカーズ・コレクティブ全国会議実行委員会（2004）62頁，第7回ワーカーズ・コレクティブ全国会議実行委員会（2006）72頁，第8回ワーカーズ・コレクティブ全国会議実行委員会（2008）72頁，第9回ワーカーズ・コレクティブ全国会議実行委員会（2010）77頁，第10回ワーカーズ・コレクティブ全国会議実行委員会（2013）75頁，WNJ（2018）95頁，WNJ（2020）104頁，WNJ（2023）103頁，WNJ（2024）92頁より作成。

図表2-4　ワーカーズ・コレクティブのメンバー数の推移

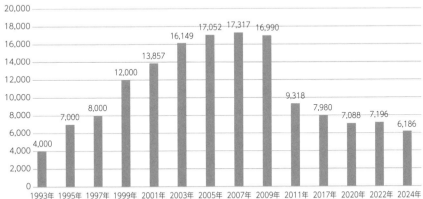

出典：第6回ワーカーズ・コレクティブ全国会議実行委員会（2004）62頁，第7回ワーカーズ・コレクティブ全国会議実行委員会（2006）72頁，第8回ワーカーズ・コレクティブ全国会議実行委員会（2008）72頁，第9回ワーカーズ・コレクティブ全国会議実行委員会（2010）77頁，第10回ワーカーズ・コレクティブ全国会議実行委員会（2013）75頁，WNJ（2018）95頁，WNJ（2020）104頁，WNJ（2023）103頁，WNJ（2024）92頁より作成。

図表2-5　ワーカーズ・コレクティブの総事業高の推移（単位：億円）

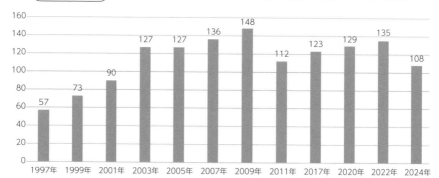

出典：第6回ワーカーズ・コレクティブ全国会議実行委員会（2004）62頁，第7回ワーカーズ・コレクティブ全国会議実行委員会（2006）72頁，第8回ワーカーズ・コレクティブ全国会議実行委員会（2008）72頁，第9回ワーカーズ・コレクティブ全国会議実行委員会（2010）77頁，第10回ワーカーズ・コレクティブ全国会議実行委員会（2013）75頁，WNJ（2018）95頁，WNJ（2020）104頁，WNJ（2023）103頁，WNJ（2024）92頁より作成。

図表2-6　ワーカーズ・コレクティブの事業内容

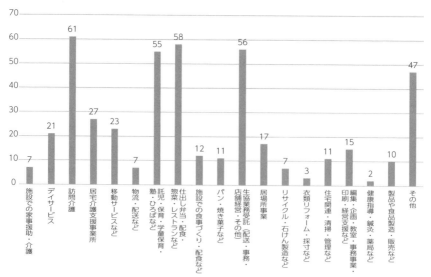

注：295団体に対して回答総数450（複数回答）である。
出典：WNJ（2024）93頁より作成。

第2章 日本における労働者協同組合の展開　49

図表2-7　ワーカーズ・コレクティブメンバーの月間労働時間

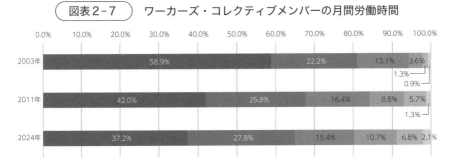

注：2003年のデータは，メンバー16,149人のうち，回答者数9,762人（回答率60.4％）。2011年のデータはメンバー9,318人のうち，回答者数8,450人（回答率90.6％）。2024年のデータは，メンバー6,186人のうち，回答者数5,933人（回答率95.9％）。
出典：第6回ワーカーズ・コレクティブ全国会議実行委員会（2004）67頁，第10回ワーカーズ・コレクティブ全国会議実行委員会（2013）77頁，WNJ（2024）94頁より作成。

図表2-8　ワーカーズ・コレクティブメンバーの年収

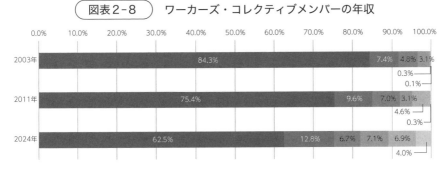

注：2003年のデータは，メンバー16,149人のうち，回答者数9,012人（回答率55.8％）。2011年のデータはメンバー9,318人のうち，回答者数8,789人（回答率94.3％）。2022年のデータは，メンバー6,186人のうち，回答者数5,991人（回答率96.8％）。
出典：第6回ワーカーズ・コレクティブ全国会議実行委員会（2004）68頁，第10回ワーカーズ・コレクティブ全国会議実行委員会（2013）77頁，WNJ（2024）94頁より作成。

いる。脱退した団体としては，たとえば福祉クラブ生協があげられる。福祉クラブ生協[15]のワーカーズ・コレクティブは，福祉クラブ生協自体が連合会的な組織を担っていたことから，WNJとの役割が重なっていたこともあって，脱退につながったと分析されている。メンバー数も，2007年の17,317人をピークに，その後はWNJ加盟団体数の減少に伴って減っている（**図表2-4**）。ただし，福祉クラブ生協関連のワーカーズ・コレクティブが2023年4月に118団体[16]，グリーンコープ生活協同組合連合会関連のワーカーズ・コレクティブが2023年2月に103団体[17]，活動している。したがって，福祉クラブ生協のうち神奈川県ワーカーズ・コレクティブ連合会に登録されている約15団体を除いた団体数をWNJ加盟団体と単純に合算すれば，約500団体のワーカーズ・コレクティブが存在する。WNJに加盟していない（加盟できない）事業規模の小さなワーカーズ・コレクティブも含めると，さらに多くのワーカーズ・コレクティブが存在することが推測される。

　一方，WNJの加盟団体数に関して，伊藤由理子は，新たに結成されるワーカーズ・コレクティブは全体的傾向として減っていて，既存の多くのワーカーズ・コレクティブは事業規模と組合員拡大の伸び悩み，そして高齢化に直面していると分析している（伊藤（2023）7頁）。その理由として，1990年代半ばに女性の就労が進み，選択肢としてのワーカーズ・コレクティブの存在感と魅力が相対的に低下したこと，特に福祉分野の中でもワーカーズ・コレクティブが対象とするような社会的包摂も考える分野は労働対価が低いことがあげられる。また，生活クラブ生協の方針におけるワーカーズ・コレクティブとの連携に関する重要度が徐々に低下し，生活クラブ生協のワーカーズ・コレクティブに関するインキュベーター機能や伴走支援機能が低下したこともあげられる。

　前者について付言すると，ワーカーズ・コレクティブは，もともと生活クラブ生協を母体として，アクティブに生協活動や地域課題に携わることで専業主婦を脱した，職業をもっていない活動的な主婦である「活動主婦層」（佐藤（2002）137頁）が中核的な担い手となって設立されてきたという特殊性は少なからず影響している。たとえば，所得税や扶養控除の関係で，年収を103万円

未満あるいは130万円未満に抑えようとする労働者は少なくない。一方，共働き世帯が増える中，年収をできる限り多く稼ぎたい人にとっては，年収が100万円程度のワーカーズ・コレクティブでの働き方は選択されなくなった。

後者の理由の打開策として，生活クラブ連合会では，2019年度から，ワーカーズ・コレクティブの設立や運営支援に取り組む各生活クラブ生協やワーカーズ・コレクティブの伴走支援を目的に，WNJと業務委託契約を締結するという対応がとられている（伊藤（2023）8頁）。現在は，このような形で，生活クラブ運動の1つとしてのワーカーズ・コレクティブ運動を拡大する取り組みが補強されている。

2-4　事　例

ワーカーズ・コレクティブの事例として，事業内容の多い順に，福祉や共に働く事例，食の事例，配送（生活クラブ生協の業務受託）の事例，そして，事務局業務を行う事例を取り上げる。

◆　福祉の事例

ワーカーズ・コレクティブは，生活者や地域に必要なサービスの1つとして，数多くの福祉関連事業を生み出してきた。それは主に，在宅生活を支える家事・介護・子育てなどのケア事業であり，「たすけあい」によるまちづくりも広げてきた。

アビリティクラブたすけあい（通称ACT）は，1992年にワーカーズ・コレクティブとして，生活クラブ生協・東京のたすけあいをすすめる運動（共済制度）から発足した。設立当初は，ACTたすけあいワーカーズ5団体とネットワークを形成し，介護保険制度が制定された2000年に多くのたすけあいワーカーズと共にNPO法人格を取得すると同時に，指定居宅介護支援事業所を開設して介護保険事業にも参入し，事業活動を展開してきた。ACTは，2024年時点で，東京都において34団体が事業所を運営している。ACTは，地域の活動に根差し，ACT会員3人以上が立ち上げるまちの居場所やたすけあいの住

まいに対して，「ACTコミュニティ活動応援基金助成」を行うことによって，地域づくり活動を広げている。

　ワーカーズ・コレクティブ・ケアびーくるは，1998年に神奈川県大和市で，移動に制約がある人の外出を支援するために設立され，現在は，福祉有償運送[18]制度によって，移動支援を実施している。制度との関係で公的補助が入りにくく，利用料金を上げてしまうと利用者負担が高額になってしまうことから労働対価は低く抑えられているが，地域においてなくてはならない仕事を担っている点で，社会的意義の高い事例といえる。

◆　共に働く事例

　ワーカーズ・コレクティブでは，2005年に開催された第7回全国会議において，はじめて「障がい者の働く場」に関する分科会が設けられ，「障がい者と共に働くこと」や「障がい者就労支援」に関するいくつかの実践が報告された。そこでは，個々のワーカーズ・コレクティブが，実は，2005年以前から障がい者を積極的に受け入れていたことが明らかにされた。ワーカーズ・コレクティブでは，1人ひとりが主体となれる実践をしてきた経緯から，障がい者や若者などの暮らしにおいて困難を抱えやすい人々にとっても，働きやすい職場をつくれる可能性が高いといえよう。

　NPO法人ワーカーズ・コレクティブ協会は，2017年10月から，神奈川県座間市の生活援護課とともに，生活困窮者支援を行う組織や団体とのプラットフォームである「チーム座間」の取り組みの1つとして，生活クラブ生協・神奈川，さがみ生活クラブ生協と，共同企業体「はたらっく・ざま」を運営し，座間市の就労準備支援事業を受託している。行政との連携によって，引きこもりが長く続いた人，うつ病などの精神疾患や障がいを抱える人など，すぐに働くことのできない人向けの支援を行うことで，「断らない相談支援」を実現している（篠原（2022）52〜60頁，参照）。2005年にワーカーズ・コレクティブ協会が神奈川県内のワーカーズ・コレクティブを対象に実施したアンケート調査において，就労について何らかの困難な問題を抱えた若者たちがワーカー

ズ・コレクティブで就労しているという結果が出たことも踏まえて，協会では，地域で誰もが働ける仕事場づくりというミッションを固め，多様な就労困難者をワーカーズ・コレクティブに受け入れる取り組みをはじめた（藤井（2023）25頁）。2005年に受託した横浜市職業体験実習コーディネート事業をきっかけに事業を拡大し，そのような実績も踏まえ，2017年に座間市就労準備支援事業を受託するに至っている。

ワーカーズ・コレクティブはっぴぃさんは，2013年に，神奈川県の「公共の場づくりのためのモデル事業」をきっかけに設立された団体で，就労経験が少なく生きにくさを抱えた若者と，シニアのサポーターが，高齢者や地域の人々に生活支援サービスを提供している。生活支援サービスは，部屋の片付けや清掃，障子の張り替え，庭掃除や草むしり，外出や買い物の支援，ペットの世話などがある。はっぴぃさんでは，現在，障がいのあるメンバーが，周りのサポートを受けながら代表を務めている。このような事例は，これまで他の労働者協同組合にはみられなかったことから，日本の労働者協同組合にとって大きな挑戦といえるだろう。

◆　食の事例

ワーカーズ・コレクティブでは，1982年に設立された「にんじん」が，同年に軽食・喫茶事業，1983年に仕出し弁当事業，1990年に惣菜事業を展開するなど，食関連の事業を拡大してきた。ワーカーズ・コレクティブの原点が生活クラブ運動にあることから，生活クラブ生協の消費材も活用しながら，安心・安全でおいしい食の提供が進められている。

ワーカーズ・コレクティブ旬は，埼玉県中浦和において，1990年11月から生活クラブ生協・浦和支部委員会のお弁当づくりをはじめたところからスタートした。2006年から，社会福祉法人さくら草からの委託事業としての昼食づくり，2009年から，地元の幼稚園の給食弁当づくり，2020年から，生活クラブ生協のデポー浦和において日替わり弁当とお惣菜の販売を行い，事業を拡大してきた。2020年12月には，中浦和から川口市へ移転し，2024年には労働者協同組合に組

織変更し，代表の世代交代も順調に進んでいる。

　ワーカーズ・コレクティブまどりは，北海道札幌市にある北星学園女子中学高等学校スミス寮の生徒に，1日3回，土日も含めて食事を提供する事業を行っている。原材料や調味料，食材の安心・安全にこだわった食事の提供を通して，地球にやさしい取り組みを行っている。2004年に任意団体として活動を開始し，2023年3月に労働者協同組合の法人格を取得した。

◆　配送の事例

　ワーカーズ・コレクティブは，生活クラブ生協との連携を通じて，配送業務を拡大してきた。

　ワーカーズ・コレクティブ・グランは，愛知県名古屋市や豊田市を中心に事業を展開し，生活クラブ生協の配送業務やセンター事務を受託している。グランの由来は，グランマ（Grandmother）にあり，おばあちゃんになっても働ける場所でありたいという願いが込められている。そして，将来的にはおじいちゃんもメンバーとして参加してほしいという思いを込めて，「マ」も「パ」も取って「Grand（グラン）」という名称が付けられた。2004年6月から8人で事業を開始し，2023年4月に企業組合から労働者協同組合に組織変更をした。現在は，30～70代の約40人が働いている。

　ワーカーズ・コレクティブ・キャリーは，神奈川県横浜市で，生活クラブ生協の配送業務を担いながら，整理・片付け・引き取りなど暮らしのサポートを行う「はっぴぃ＆キャリー」（はっぴぃさんとの共同事業），地域の拠点であり共同購入事業の拠点でもある「コモンズステーション」などの運営も行っている。「はっぴぃ＆キャリー」では，就労経験や社会経験の少ない若者たちが，地域に住む高齢者の生活支援事業を行っている。キャリーは，2023年1月に企業組合から労働者協同組合に組織変更をした。

◆　事務局業務を担う事例

　ワーカーズ・コレクティブは，生活クラブ生協との連携を通じて，事務局業

務も担ってきた。

　事務局ワーカーズ・コレクティブJamは，1992年に生活クラブ生協・神奈川からの業務委託を受けて設立された，配送以外の業務を担う団体である。Jamは「事務局の（J）明日を（A）メイクする（M）」の頭文字をとった名称である。現在は，生活クラブ生協への加入促進活動やPR，加入手続きを主要な業務としている。2024年に労働者協同組合の法人格を取得した。

2-5　特　徴

　ワーカーズ・コレクティブの特徴については，これまで多くの研究が行われているが，その中からいくつかを取り上げて確認すると共に，神奈川の新たな動向もその特徴としてみていく。

◆　8つの組織的特徴

　生活クラブ生協，コミュニティクラブ生協，福祉クラブ生協，神奈川ネットワーク運動，神奈川ワーカーズ・コレクティブ連合会によって編成された「参加型福祉社会を拓く」出版プロジェクトによる，ワーカーズ・コレクティブの8つの組織的特徴をとりあげる（「参加型福祉社会を拓く」出版プロジェクト編著（2000）110〜115頁）。

　第1に，組織における直接民主主義と情報の共有である。ワーカーズ・コレクティブの運営に関する意思決定には，1人1票で，組合員全員が参加する。この際，直接民主主義を貫くことが原則とされ，組合員の人数はそれが可能な範囲に抑えられるため，組合員数が増える場合には別組織が作られ，各々に独立した組織の連合体が形成される。また，直接民主主義に基づく運営を形骸化させないため，そして，組合員が主体的な判断ができるようにするため，情報が特定の組合員に集中することを避けて必要な情報が共有される。さらに，組織運営に関する提案にあたっては，組合員全員に十分な説明を行って，同意を獲得することを大切にしている。

　第2に，組合員は自分たちの住む地域で働くということである。ワーカー

ズ・コレクティブで働く人たちは，労働が生活の一部になっている。また，ワーカーズ・コレクティブにおける労働が，地域の人々の生活に開かれたものになっていることを意味する。

　第3に，生活者のための使用価値を生産することである。ワーカーズ・コレクティブの組合員は，自分たちを含んだ生活者にとって必要なモノやサービスを生産する。生産の目的は，営利企業が売れるモノを生産し販売して利潤を得ることに対して，ワーカーズ・コレクティブでは，自分たちにとって必要なモノ，役立つモノを作ることにある。

　第4に，生活文化・生活技術を継承し，発展させようとしていることである。

　第5に，アマチュアとしての生活者の感覚を大切にしていることである。

　第6に，労働を自主管理することである。ワーカーズ・コレクティブにおける労働は，組合員の能力・適性・個性を最大限に生かせるように組み合わせられ，各人のもつ創造性とエネルギーを最大限に発揮することが期待できる。画一的な労働は否定され，組合員がもつ能力・適性・個性だけでなく，各人が置かれている状況やもち時間にあった働き方を効果的に組み合わせたローテーションが追求される。そこでは，組合員の意思が常に反映することが目指されている。

　第7に，利用者の立場にたってサービスを提供することである。営利企業が，市場における需要と供給のバランスから利潤を最大化させるための最適価格を設定するのに対して，ワーカーズ・コレクティブでは，サービスの提供者も利用者も同じ地域に住む生活者であることから，市場価格に対抗したコミュニティ価格が設定されることがある。資本主義的な等価交換を原則とする限りは市場メカニズムの支配を免れないことを意識して，常にオルタナティブな経済が目指されている。

　第8に，労働の対価を得て，事業を継続することも特徴とされる。ワーカーズ・コレクティブでも，労働の公正な対価によって組合員の生活が成立するだけの収入確保が目指されなければならないが，事業の領域によっては，事業収入だけで生活が可能な収入を確保することが難しい場合も少なくない。そのた

め，特に事業の社会的意義が大きい場合は，そのことを政治的・社会的に広く認知されるように訴え，税制上の優遇や補助金の交付などの公的支援，寄付・基金などによる支援を求める運動を積極的に展開することが必要だと考えられている。

◆ 「生活者」の視点からみた特徴

　ワーカーズ・コレクティブでは，事業を行う主体を，「生活者」から捉えるところに他の労働者協同組合とは全く異なる出発点があり，そのことを正確に把握する必要がある。

　天野正子によれば，「生活者」とは，大衆消費財化してしまった生活者との間に線を引き，自分の生き方そのものの変革を目指しつつある人々のことであり（天野（1996）12頁），生活クラブ生協の運動を踏まえて，次の2つの役割を担う存在として捉えられている（天野（1996）13頁）。1つは，生産現場から発言する「労働者」や消費の場から発言する「消費者」と対置して，その両方を含む全体としての生活の場から問題解決しようとする人々のことである。生活には，モノやサービスの消費だけでなく，その前提としての生産や労働があり，さらに基本的には人間の生死や環境との関わりがある。「生活者」という言葉は，生活が本来もっているそうした全体性と，この全体を自らの手の中に置きたいと願う主体としての人々を指す。生活が，分業化された社会のありようとしての，労働，消費，政治などに分割され得ないものだとする積極的な主張に結びついていく。もう1つは，「個」に根差しながら，他の「個」との協同によって，それまで自明視されてきた生き方とは別のオルタナティブな生き方を選択しようとする人々としての「生活者」である。生活の基本である食を中心としたモノへの取り組みを通じて，自分の行動に責任をもちつつ，他者との間にネットワークをつくり，「当たり前」とされていた生活に，対抗的な新しい生き方を創出しようとする人々を指す。

　生活クラブ生協の実践では，共同購入活動によって消費者から「生活者」へ，代理人運動では，国民から「生活者」へ，そして，ワーカーズ・コレクティブ

の事業活動では，消費者から生産する「生活者」へと発達していくことに意義がある。そして，ワーカーズ・コレクティブは，単なる自主管理型の労働というだけでなく，地域づくりでいえば「市民」として発展していくところに意義がある事業組織ということになる。

◆ オルタナティブ経済圏を目指す神奈川の新たな動き

　ワーカーズ・コレクティブが，市場メカニズムに対するオルタナティブ経済を目指す中，これまで運動の主体になっていた「活動主婦層」以外をどれだけ活動に巻き込むことができるか，そして，さまざまな協同組合，行政，地元の小規模事業者などとの協働（周辺地域のステイクホルダーへの目的意識の共有）を拡充していけるかが重要になってきている。

　この点について，神奈川では，2024年7月に一般社団法人「市民連帯経済つながるかながわ」（以下，つながるかながわ）が設立された[19]。つながるかながわは，ゼロベースで設立された組織ではなく，1989年に設立された「神奈川ワーカーズ・コレクティブ連合会」，および，2004年に設立された「NPO法人ワーカーズ・コレクティブ協会」が解散し（正確にいうと，今後順次解散予定），神奈川県内の各生活クラブ生協と共に，一般社団法人として設立された中間支援組織である。生活クラブ運動で培われてきた自治と自律と連帯の精神をベースに設立された新たな中間支援組織でありながら，神奈川県内におけるワーカーズ・コレクティブの設立も含めた支援をより一層強化させ，さらに地域の人たちもより関わりやすくなるための積極的な取り組みといえる。

　つながるかながわは，「新しい公共を拓き，持続可能で多様性と包摂性のある社会を実現するためワーカーズ・コレクティブ（協同労働）を真ん中におく地域社会づくりをすすめる」ことを理念にしている。つながるかながわは，第1に，ワーカーズ・コレクティブを設立しようとする市民への相談窓口機能をもつ支援セクション，第2に，地域の生活クラブ生協や諸団体と連携して，地域を豊かにする新しいワーカーズ・コレクティブやアソシエーションの創出を広げるまちづくり機能としてのネットワークセクション，第3にこれまで

NPO法人ワーカーズ・コレクティブ協会が担ってきた座間市の委託事業のような自治体とのパートナーシップによる事業や地域における多様な市民団体と連携した事業を実施する事業セクションという3つのセクション（基本機能）から形成される。

　これまで生活クラブ運動といえば，生活クラブ生協が中心に置かれる印象をもたれがちであった。これに対して，つながるかながわは，労協法が成立したことも踏まえて，ワーカーズ・コレクティブを全体の中心に置き，各生活クラブ生協も積極的に関わりながら，市民参加によるまちづくり，そして，すべての人の命や暮らしを基本とした協同組合の理念・価値と民主主義に基づく，持続可能な地域（まち）をつくりだす新たな中間支援組織といえる。したがって，労協法の成立後，ワーカーズ・コレクティブには興味があるものの，設立にまでなかなか踏み出せなかった地域住民を巻き込んでいくことが期待できる。その期待も込めて，つながるかながわには「市民連帯経済」という名称が用いられている。

3　ワーカーズコープ

　続いて，通称・ワーカーズコープと呼ばれる日本労働者協同組合連合会（以下，労協連）傘下の諸組織の定義，歴史，組織構成，事業内容と規模，代表的な事例（労働者協同組合の事例として紹介されることの多い団体），そして，その特徴についてみていく。

3-1　定　義

　労協連傘下の諸組織，通称・ワーカーズコープは，「働く人びとや市民がみんなで出資し，経営にみんなで参加し民主的に事業を運営し，責任を分かち合って，人と地域に役立つ仕事を自分たちでつくる協同組合」[20]と規定される。
　2015年3月に開催された，第36回定期全国総会において採択された「宣言と原則」（図表2-9）が，現在のワーカーズコープの組織運営指針であり，「協

同労働の協同組合の原則」とも位置づけられている。

　また，労協連は，組織運営指針として「7つの原則」を定め，これを踏まえて活動してきた。1979年9月に最初の7つの原則が定められ，1986年5月，1992年5月，2002年6月，2015年6月に，その時代にあった原則へと改訂されてきた（**図表2-10**）。

　2002年に改訂された7つの原則から，センター事業団の各事業所の組合員による原則の唱和がはじまり（ただし，すべての事業所で行われているわけではない），全国会議での唱和も定着するなど（労協連35年史編纂委員会（2017）138頁），ワーカーズコープにおいては自組織のアイデンティティを確認するために，「宣言と原則」が重視されてきたことがわかる。

　労協連では，「ワーカーズコープ」という言葉に加えて，「協同労働」「協同労働の協同組合」という言葉がそれぞれに定義され[21]，どちらも労協連傘下の諸組織を表す際によく用いられる。「協同労働」と「協同労働の協同組合」は，2002年6月の「7つの原則」の改訂時に，同時に規定されている。

　「協同労働」は，「働く人どうしが協同し，利用する人と協同し，地域に協同を広げる労働」（3つの協同）と規定されている（労協連35年史編纂委員会（2017）138頁）[22]。また，協同労働は，「働く人ひとりひとりが主人公となって力を合わせ」（働く者どうしの協同），「お互いを認め合い，支え合いながら」（利用者・家族との協同），「持続可能な地域の未来を」（地域との協同），「自分たちの手でつくっていく働き方」とも説明される[23]。このように，協同労働という言葉を用いる際は，3つの協同が意識されてきた。

　一方，「協同労働の協同組合」は，2002年に，「働く人びと・市民が，みんなで出資し，民主的に経営し，責任を分かち合って，人と地域に役立つ仕事をおこす協同組合」と規定されている（労協連35年史編纂委員会（2017）138頁）。労協連のウェブサイトに掲載されているワーカーズコープの定義とほぼ変わらないことから，ワーカーズコープ＝協同労働の協同組合と捉えられていることがわかる。

　さらに，2002年には，「協同労働の協同組合」が目指す「使命」も規定され

第2章 日本における労働者協同組合の展開 61

> **図表2-9** 協同労働の協同組合の原則（2015年6月27日, 日本労働者協同組合（ワーカーズコープ）連合会第36回定期全国総会にて採択された「宣言と原則」）

<宣言>
　私たちは，発見した。雇われるのではなく，主体者として，協同・連帯して働く「協同労働」という世界。一人ひとりが主人公となる事業体をつくり，生活と地域の必要・困難を，働くことにつなげ，みんなで出資し，民主的に経営し，責任を分かち合う。そんな新しい働き方だ。
　私たちは，知った。話し合いを深めれば深めるほど，切実に求められる仕事をおこせばおこすほど，労働が自由で創造的な活動になればなるほど，人間は人間らしく成長・発達できる，ということを。
　私たちは，直面している。人間，労働，地域，自然の限りなき破壊に。だからこそ，つくり出したい。貧困と差別，社会的排除を生まない社会を。だれもがこころよく働くことができる完全就労社会を。あたたかな心を通い合わせられる，平和で豊かな，夢と希望の持てる新しい福祉社会を。
　私たちは，宣言する。「失業・貧乏・戦争をなくす」という先人たちの誓いと，「相互扶助」「自治と連帯」「公平と公正」という国際的な協同組合運動の精神を引き継ぎ，協同労働を基礎にした社会連帯の運動を大きく広げ，市民自身が地域の主体者・当事者となる，自立と協同の新しい時代をいま，ここに，共に，切り拓くことを。
<原則>
　協同労働の協同組合は，共に生き，共に働く社会をめざして，市民が協同・連帯して，人と地域に必要な仕事をおこし，よい仕事をし，地域社会の主体者になる働き方をめざします。尊厳あるいのち，人間らしい仕事とくらしを最高の価値とします。
1. 仕事をおこし，よい仕事を発展させます
　(1) 生活と地域の必要と困難，課題を見出し，人と地域に役立つ仕事をおこします。
　(2) 働く人の成長と人びとの豊かな関係性を育む，よい仕事を進めます。
　(3) 仕事と仲間を増やし，働く人の生活の豊かさと幸せの実現をめざします。
2. 自立・協同・連帯の文化を職場と地域に広げます
　(1) 一人ひとりの主体性を大切に育てる職場と地域をつくります。
　(2) 建設的な精神で話し合い，学び合い，連帯感を高めながら，みんなが持てる力を発揮します。
　(3) お互いを尊重し，一人ひとりの生活と人生を受け止め合える関係をつくります。
　(4) 人と地域を思いやる「自立・協同・愛」の文化を職場と地域に広げます。
3. 職場と地域の自治力を高め，社会連帯経営を発展させます
　(1) 全組合員経営を進めます。
　　①働く人は，基本的に全員が出資し，組合員となり，出資口数にかかわりなく「一人一票」で経営に参加します。
　　②組合員は，「話し合い」と「情報の共有」を大切にし，事業計画を定め，事業経営を発展させます。
　　③組合員は，役員やリーダーを基本的に組合員の中から選び，お互いに協力し合います。

(2) 社会連帯経営を発展させます。
　①組合員と利用者・地域の人びとが，地域づくりの主体者としての連帯性を強め，仕事をおこします。
　②地域全体を視野に入れ，全ての世代を結んで地域づくりのネットワークを広げます。
　③当事者・市民主体の豊かな公共をめざし，自治体・行政との協同の関係を築きます。

4．持続可能な経営を発展させます
(1) 事業の継続性を高め，新たな仕事をおこすために，赤字を出さず，利益を生み出します。
(2) 経営の指標と目標をみんなで定め，守ります。
(3) 事業高の一定の割合を，事業と運動の発展のための積立金として積み立てます。
(4) 期末の剰余を次の順序で配分します。
　①「仕事おこし」「学習研修」「福祉共済」の基金
　②労働に応じた分配
　③出資に対する分配（制限された割合以下で）
(5) 積立金と基金は，組合員には分配しない協同の財産（不分割積立金）とし，世代を超えて協同労働と仕事おこしを発展させるために使います。

5．人と自然が共生する豊かな地域経済をつくり出します
(1) 地域の資源を生かし，いのちの基礎となる食・エネルギー・ケアが自給・循環する社会を地域住民と共に創造します。
(2) だれもが安心して集え，役割の持てる居場所を地域につくり出し，総合福祉拠点へと発展させます。

6．全国連帯を強め，「協同と連帯」のネットワークを広げます
(1) 協同労働の協同組合の全国連帯を強め，運動・事業の経験を交流し，学び合います。
(2) 各種協同組合との間に「まちづくり・仕事おこし」の提携・協同を強めます。
(3) 市民組織や事業体，労働団体，大学・研究所，専門家等と連携を強め，いのち・平和と暮らし，人間らしい労働，基本的人権，民主主義を守り，発展させます。
(4) 労働と福祉を中心とする制度・政策をよりよいものにしていきます。

7．世界の人びととの連帯を強め，「共生と協同」の社会をめざします
(1) ICA（国際協同組合同盟）への結集をはじめとして，国際的な協同組合運動に参加し，発展させます。
(2) 協同労働の協同組合とその運動を，東アジアを焦点に世界的に発展させます。
(3) 戦争や環境破壊をはじめとする人類の危機を直視し，「資本のグローバル化」による大量失業と人間の排除に対して，「民衆のグローバルな友好・連帯」を強めます。

出典：労協連ホームページ「労働者協同組合（ワーカーズコープ）https://jwcu.coop/about/assoc_cooperative/

第2章　日本における労働者協同組合の展開　*63*

$$\boxed{\text{図表2-10}}\quad\text{労協連の組織原則の変遷}$$

年月など	組織原則
1979年9月〜 ◆事業団7つの原則 中高年雇用・福祉事業団 全国協議会結成時	① 良い仕事をやり，地域住民，国民の要求と信頼にこたえる事業をおこないます。 ② 自主，民主，公開の原則を確立し，経営能力をたかめます。 ③ 労働者の生活と権利の保障をはかります。 ④ 労働組合のはたす重要な役割を認識し，組合活動を保障します。 ⑤ 団員の教育・学習活動を重視します。 ⑥ 地域の住民運動の発展と結合してとりくみます。 ⑦ 全国的観点にたち，力を合わせて発展させます。
1986年5月〜 ◆新7つの原則（改訂版） 中高年雇用・福祉事業団 全国協議会第7回総会で 補強・改訂	① 良い仕事をやり，「町づくり」に貢献する事業をおこないます。 ② 団員の自発性を基礎に自主・民主・公開の原則を守り，民主的運営を貫き，経営能力を高めます。 ③ 「協同組合原則」を守り，労働者の生活と権利の保障を図ります。 ④ 労働組合の重要性を認め，協力・共同を進めます。 ⑤ 団員の教育・学習活動を強めます。 ⑥ 協同組合運動・地域住民運動等との連携を強めます。 ⑦ 全国的観点にたち，全国連合会を強化し，力を合わせて運動を発展させます。
1992年5月〜 ◆労働者協同組合7つの 原則 日本労働者協同組合連合 会第13回総会にて決定	① 「徹底民主主義」を通じて労働者が企業の主人公になります。 ② よい仕事をし，まちづくりに貢献します。 ③ みんなで出資し，事業計画をつくり，仕事を拡大して，生活を向上させます。 ④ 労働と教育を基礎に「自立と協同と愛」の人間に成長します。 ⑤ 全国観点と変革の立場に立って協同組合運動を発展させます。 ⑥ 労働組合運動や地域の運動との連帯を強めます。 ⑦ 人類の危機を克服する運動を進め，国際連帯を強めます。
2002年6月〜 ◆労働者協同組合原則 日本労働者協同組合連合 会第23回総会にて決定	① 働く人びとと・市民が，仕事をおこし，よい仕事を発展させます。 ② すべての組合員の参加で経営を進め，発展させます。 ③ 「まちづくり」の事業と活動を発展させます。 ④ 「自立と協同と愛」の人間に成長し，協同の文化を広げます。 ⑤ 地域・全国で連帯し，協同労働の協同組合を強めます。 ⑥ 「非営利・協同」のネットワークを広げます。 ⑦ 世界の人びとと連帯して「共生と協同」の社会をめざします。
2015年6月〜 ◆協同労働の協同組合新 原則 日本労働者協同組合連合 会第36回総会にて決定	① 仕事をおこし，よい仕事を発展させます。 ② 自立・協同・連帯の文化を職場と地域に広げます。 ③ 職場と地域の自治力を高め，社会連帯経営を発展させます。 ④ 持続可能な経営を発展させます。 ⑤ 人と自然が共生する豊かな地域経済をつくり出します。 ⑥ 全国連帯を強め，「協同と連帯」のネットワークを広げます。 ⑦ 世界の人びとの連帯を強め，「共生と協同」の社会をめざします。

出典：労協連35年史編纂委員会（2017）137頁。

た。この「使命」はワーカーズコープの特徴を理解する上で重要なため，以下に列記する（労協連35年史編纂委員会（2017）138頁）。

1．人のいのちとくらし，人間らしい労働を，最高の価値とします。
2．協同労働を通じて「良い仕事」を実現します。
3．働く人びと・市民が主人公となる「新しい事業体」をつくります。
4．すべての人びとが協同し，共に生きる「新しい福祉社会」を築きます。

3-2 歴史[24]

◆ **労働者協同組合連合会とセンター事業団の設立**

ワーカーズコープは，全日本自由労働組合（以下，全日自労）の失業対策（以下，失対）事業の打切り反対闘争の中にその萌芽を見出せる。

政府は，第二次世界大戦後に実施してきた失対事業を縮小・廃止する方向性をとり，1963年に「職業安定法および緊急失業対策法の一部を改正する法律」を制定した。この法律によって，失対適格者になるためには就職促進措置を受けなければならないことになり，1964年以降は失対就労者の紹介がほぼ行われなくなり，1971年以降は失対の新規就労が完全に打ち切られた（黒川（1993）177頁）。

この打切りに対して，西宮，京都，愛知などの地方自治体で，就労者自身が事業体をつくるのであれば，仕事を発注しようという動きがあった。そこで，60歳以上の高齢者が自力で「事業団」を結成し，運営して，地方自治体が地域の環境整備に必要な仕事を発注するという形が作られた（黒川（1993）178頁）。このような背景から，1971年に兵庫県西宮市で，労働者の自主管理的な発想を含めた「高齢者事業団」が生まれた。これは，反対・告発・要求型の労働運動の限界を超える，問題提案型の「オルタナティブな労働運動」（山根（1991）219頁）と捉えられる。

失対就労者を中心に失業者を結集してきた全日自労による「民主的改革」路線への取り組みが，事業団が結成される主体的要因であったことは，ワーカーズコープの萌芽にとって非常に重要な観点といえる（黒川（1993）178頁）。そ

第2章　日本における労働者協同組合の展開　65

れは，1967年に全日自労の三重県松阪分会において「街と市民に役立つ失対事業」という構想が提案され，労働者が「雇われ根性」を克服して「よい仕事」を行い，地域や企業や制度を，労働者や国民本位のものに変えていこうという路線であった（黒川（1993）178〜179頁）。

　1971年以降，自治体からの委託事業を主要財源として，失業者や中高年齢者の仕事づくりを目指す事業団が増加し，1979年には，全国から36の事業団が集まり「中高年雇用・福祉事業団全国協議会」（以下，全国協議会）が結成された。当時の主な事業は，公園清掃，建築・土木，廃棄物処理などであった。

　全国協議会の結成後，100事業団の形成を目指して1年間で40事業団が設立されたが，いくつかの先進的な事業団以外は，失対事業の受け皿を用意するだけにとどまり，利潤追求を目指して営利企業と変わらない経営が行われたり，事業の私物化なども起きた（黒川（1993）180頁）。「民主的改革」路線に沿って経営の水準と事業性を高める必要性から，1982年に，全国協議会が直接運営する「直轄事業団」第1号として「東葛地域事業団」が設立され，千葉県流山市に新設された総合病院のビルの総合管理を受注して事業が開始された。このような直轄事業団は，全国の事業団の模範となり，人材研修センターの役割，そして，事業団の全国的展開のために財政基盤をつくるという役割を果たすことになった（黒川（1993）180〜181頁）。

　事業団の取り組みは，ヨーロッパで発展してきていた労働者協同組合運動と共通の性格をもつと捉えられ，1983年には，全国協議会からイギリスやイタリアに調査団が派遣され，労働者協同組合の調査・研究・組織のあり方が検討されはじめた。そして，1986年に，全国協議会は，労働者協同組合連合会へと発展した。1987年には，直轄事業団と「中高年雇用・福祉事業団東京企業組合」が合併して「センター事業団」（ワーカーズコープ・センター事業団）が設立された（黒川（1993）181〜182頁）。これを機に，協同組合間提携による物流業務などの事業が大きく広がりはじめた。

◆ 協同総合研究所の設立

　1985年に，黒川俊雄によって「地域コミュニティ・労働者協同組合研究会」が発足し，1991年には，この研究会を受け継ぐ形でワーカーズコープの研究機関となる「協同総合研究所」が労協連の傘下に設立され，国際活動もはじまった。現在も，研究者と実践者の協同によって，多様な分野にわたる「協同」について研究されている。

◆ 高齢者生活協同組合連合会の結成

　1995年には，阪神・淡路大震災を背景に，市民活動との連携が広がって，ヘルパー養成講座と「高齢者協同組合」づくりがはじまり，三重県で全国初の高齢者協同組合が誕生した。1999年には，ヘルパー養成講座の修了生と共に地域福祉事業所づくりがはじまった。2001年には，全国の高齢者協同組合を結ぶ，「高齢者生活協同組合連合会」（以下，高齢協）が結成された。現在の加盟団体数は17，総組合員数は約5万人，総事業高は約70億円に上る[25]。

◆ 社会連帯委員会と日本社会連帯機構の設立

　2004年11月に，「仕事起こしの支援活動，社会改革のための運動を担う」ことを目的に（労協連35年史編纂委員会（2017）64頁），センター事業団が母体になって，「社会連帯委員会」が設立された[26]。2010年に，社会連帯委員会は一般社団法人を取得して，「日本社会連帯機構」になった。2012年には，映画「Workers」を，2018年には，映画「Workers　被災地に立つ」を制作・上映している。

　2018年からは，「みんなのおうち」（協同総合福祉拠点）（図表2-11）構想・運動をスタートさせ，全国1万カ所のみんなのおうちづくりを目標に，全国各地に居場所と仕事をつくり出す活動を広げ，各地の労働者福祉協議会，生協，NPOや市民団体と連携しながら，フードバンク活動や子ども食堂などを実施している。日本社会連帯機構の2023年9月末時点における個人会員は8,057人，団体会員は25団体である[27]。

図表2-11 みんなのおうち（協同総合福祉拠点）構想

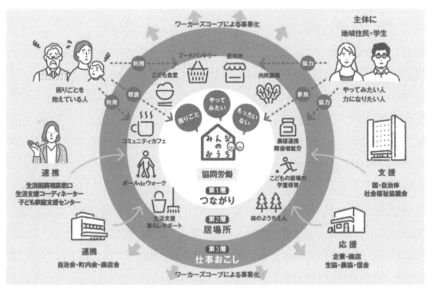

出典：「センター事業団パンフレット2024」6頁。

　もともと，社会連帯委員会は，労協連の元・理事長であり，日本社会連帯機構の現・代表理事の永戸祐三の問題意識に設立のきっかけがある（労協連35年史編纂委員会（2017）64頁）。その問題意識の1つは，他の協同組合の経営と比較してみたとき，ワーカーズコープも事業活動を続けていく限り，すべてが「経営主義」（効率性が重視されるような資本主義的な経営が行われ，労資的な関係が生まれやすいこと：筆者）に陥る傾向があり，ワーカーズコープが目指す「全組合員経営」と社会連帯運動が否定される恐れがあるという推測・懸念であった。もう1つは，「経営主義」に対抗するために，労働組合の存在が必要になるということであった。この2つの課題を統一的に解決するものとして考えられたのが，社会連帯委員会であった。社会連帯委員会が全国各地に居場所と仕事を増加させ，ワーカーズコープが狭い「経営主義」に陥ることを妨げれば，労資的な対立的争いはなくなり，全組合員経営と社会連帯運動を必須の

ものとして貫くことができると考えられたことに発端がある。

　社会連帯委員会が発足した当初は，組合員の給与の中から毎月1,000円（現在の会費は，給与の額に応じて，月250円，500円，1,000円のいずれか）を社会連帯委員会に拠出することに対して反発の声が出た。この点に関して，他の協同組合が当時の経済不況を背景に本来事業に特化してきた傾向を分析した上で，ワーカーズコープも事業に特化する方向に傾いて理念や運動が軽視されてはならないという議論を経て，社会連帯を掲げた組織が不可欠という議論が深まり，社会連帯委員会の重要性が確認された（稲葉（2024）214〜216頁）。その後，社会連帯委員会東京が2005年6月に実施した地域活動に関する予算獲得の公開プレゼンテーションに10事業所が応募し，事業所の中では発想されることのなかった社会と地域に拓いたユニークな企画が立ち上がった。この公開プレゼン方式は全国の事業本部にも広がり，これまで必要性は感じていても，事業的な制約との兼ね合いで提案・企画できなかったことを，社会連帯委員会の会費を使って自由にできるようになり，組合員の主体性が発揮できる機会につながっていった（稲葉（2024）216〜217頁）。現在，日本社会連帯機構の活動は，発足当初の予想を大きく超えて，事業としてはなかなか展開のできない，非営利かつ公共的な場づくり創設の一役を担う存在になっている。

3-3　組織構成

　一般的によく使用される「ワーカーズコープ」という名称は，労協連傘下の諸組織を表す「通称」あるいは「愛称」であり，労協連の会員組織とほぼイコールと捉えることができる。

　労協連は，図表2-12のように，正会員であるセンター事業団や全国各地の労働者協同組合（15団体，以前は「地域労協」と呼ばれていた），準加盟団体である高齢協，障害者支援団体として全国的に有名な社会福祉法人浦河べてるの家やNPO法人共同連（差別とたたかう共同体全国連合）などから構成されている。2023年7月に，労協連は労働者協同組合法人を取得している。

第2章　日本における労働者協同組合の展開　69

図表2-12　日本労働者協同組合連合会の組織図

出典：「日本労働者協同組合連合会事業案内2023-2024」6頁。

　労協連は，①代表機能（政府や行政へのアドボカシー），②コーディネートおよびプラットフォーム機能（労協連加盟組織同士の交流や連携の促進など），③支援機能（新規設立支援や労協連加盟組織の経営相談など），④開発機能（人材開発プログラムの開発と提供）という4つの機能をもつ[28]。

　労協連は，ICAの一部門であるCICOPA（International Organisation of Industrial and Service Cooperatives：産業・サービス協同組合国際委員会）に1992年から加盟しているため，世界からみると，日本を代表する労働者協同組合の1つに位置づけられている。

3-4　事業内容と規模

　2022年度の労協連全体の総事業高は，378億円，就労者数は15,087人（＋高齢協の組合員42,471人）である（図表２-13）。

　労協連の加盟団体であるセンター事業団は，総事業高が最も大きく，図表２-14のように本部（統括本部）をのぞき，全国19カ所に事業本部を置き（山陰・山陽は，実際は同一事業本部とカウント），各事業本部に属する事業所が400以上ある。

　センター事業団の2024年３月末のデータベースによれば，組合員数は7,744

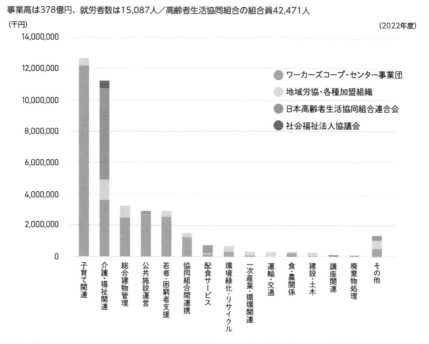

図表２-13　労協連の事業規模

出典：「日本労働者協同組合連合会事業案内2023-2024」９頁，および，労協連ホームページ「事業規模」https://jwcu.coop/about_union/size/

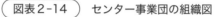

図表２-14　センター事業団の組織図

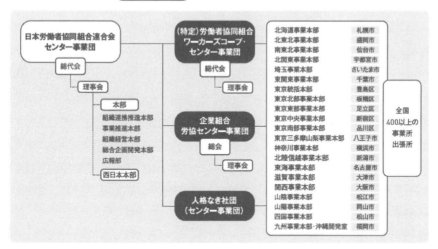

出典：「センター事業団パンフレット2024」17頁。

人，組合員ではない労働者も含めた就労者数は10,197人である。組合員数および就労者の推移は，図表２-15の通りである。7,744人の組合員の性別は，女性が66.8％（5,173人），男性が33.2％（2,571人）であり，ワーカーズ・コレクティブと比較すると，男性の割合が高いが，女性が３分の２を占めているという特徴がある。組合員の年代は，10代0.2％（16人），20代7.3％（566人），30代11.3％（875人），40代15.1％（1,171人），50代21.9％（1,695人），60代26.0％（2,016人），70代以上18.2％（1,405人）であり，60代以上の組合員は44.2％にのぼる。勤続年数や年収については，公式には公開されていない。

　2023年度のセンター事業団の総事業高は約259億円で，事業高の推移は図表２-16の通りである。事業分野別の事業高（2022年度実績）は，多い順に，子育ち関連120億8,200万円，高齢・障害・生活支援35億400万円，公共施設管理運営25億7,500万円，自立就労相談支援24億1,000万円，総合サービス業23億6,100万円，物流・運送11億5,800万円，食関連３億2,000万円，建設・緑化・廃棄物２億8,600万円，販売・製造業１億5,700万円，その他６億6,400万円となっ

図表2-15　センター事業団の組合員数と就労者数の推移

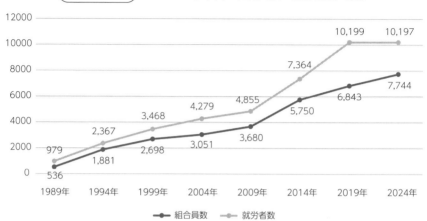

注：いずれもその年の3月末の人数である。
出典：労働者協同組合ワーカーズコープ・センター事業団（2024）237〜238頁，および，2024年3月末のセンター事業団データベースより作成。

図表2-16　センター事業団の事業高の推移（単位：億円）

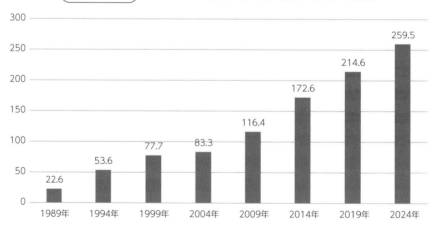

注：いずれもその年の3月末の事業高である。
出典：労働者協同組合ワーカーズコープ・センター事業団（2024）237〜238頁，および，センター事業団第39回通常総代会議案集より作成。

第2章　日本における労働者協同組合の展開　73

図表2-17　センター事業団の事業展開

時期区分	年代	タイプ	主要事業
第1期	1980年代前半	失対事業型	自治体からの委託事業（公園緑化事業）
第2期	1980年代後半〜1990年代前半	協同組合間提携型	農協・生協の物流センター，医療機関の建物管理
第3期	1990年代後半	制度を活用した自主事業型	ヘルパー講座および地域福祉事業
第4期	2000年代	準市場型	公共サービス業務（公共職業訓練等の委託事業，公共施設の管理・運営，子育て支援，自立支援事業など）

出典：大高（2011）24頁。

ている[29]。

　センター事業団は，図表2-17のように，設立当初から1980年代前半までは，自治体からの委託事業（主に公園緑化事業）を中心に発展した。1980年代後半になると，生協や農協の物流センターの下請け事業や医療機関の施設管理・清掃業を受託するようになった。1990年代後半になると，ヘルパー養成講座の修了生と共につくられた地域福祉事業所において介護の自主事業がはじまり，2000年以降は介護保険制度を活用して事業を進めるようになった。2003年以降は，指定管理者制度を活用して，児童館・コミュニティ施設など公共施設の管理・運営事業，学童保育・子育てひろば・放課後ひろば事業・児童デイサービスなどの子育て支援事業，若者・障害者・失業者・生活困窮者の自立支援事業などを全国的に受託するようになった（大高（2011）24頁）。2011年以降は，東日本大震災を契機に，FEC（Food＝食，Energy＝エネルギー，Care＝ケアの頭文字をとった名称）自給圏づくりをテーマに，バイオディーゼル燃料の精製や，全国各地で自然栽培などの小農，環境保全型小規模林業などの第一次産業でも事業を実施してきた。さらに，気候変動に関して，アースデイ東京へ毎年参加するなど，気候・環境アクションも実施している。

　センター事業団では，現在，子育ち支援事業（子どもが自ら育つ地域づくり

を目指し，保育園，子育てひろば，学童クラブ，放課後等デイサービスなどを運営），障害者支援事業（社会に出て働きたいけれど働くことが困難な人たちのために，働く場づくりや障害者の就労の場をつくる就労支援事業），高齢者関連事業（介護保険事業や高齢者の居場所づくり，生活支援サービス，配食など複合的な高齢者福祉事業），若者自立支援事業（生きづらさや働きづらさを感じている若者が働く場づくりや，地域若者サポートステーション＆若者の自立・就労支援），生活困窮者自立支援事業（社会的困難のある人と共に生きる地域を目指し，生活相談，就労準備，家計相談や学習支援などを運営），食・農・森林関連事業（生産と消費をつなぎ，安心安全な食の提供や食文化の伝承，休耕地の活用や里山保全のための林業），再生可能エネルギー事業（地域から出る廃食油を回収して，バイオディーゼル燃料を精製し，バスや農機具の燃料にする地球温暖化対策事業），建物総合管理事業（オリジナルの清掃方式による病院や公共施設などの清掃業務，施設管理，ビルメンテナンス事業），コミュニティ施設関連事業（自治体の委託や指定管理者としてコミュニティセンターなど公共施設を運営したり，公共施設を地域づくりの拠点として活用する取り組み），中間支援事業（地域住民自らが地域の課題を解消する取り組みを支援するため，NPOボランティアセンターやインキュベーションセンターなどを運営），協同組合間連携事業（さまざまな協同組合組織と連携し，物流センターでの配送業務や庫内作業，生活支援などの業務を受託）といった多様な事業が展開されている。

センター事業団の各事業本部では，「よい仕事」を実践していると考えられる事業所が毎年推薦され，年度末に開催される「協同労働・よい仕事研究交流集会」（以前の名称は，「全国よい仕事研究交流集会」）において実践報告や情報交換が行われる。2024年3月には，20の分散会（**図表2-18**）に分かれて，全国のよい仕事の事例報告が行われた。各事業本部からの推薦段階では，推薦理由（「よい仕事」と考えられる理由）として，労働者の変化・成長があったこと，地域の声を聞く取り組みが行われていたこと，職場づくりに発展があったこと，などがあげられている。

第2章　日本における労働者協同組合の展開　75

図表2-18　協同労働・よい仕事研究交流集会2024年分散会（2024年3月3日）一覧

	エリア	事業所		エリア	事業所
1	北海道	センター事業団　苫小牧まちづくり地域福祉事業所　住吉コミュニティーセンター現場	11	北関東	センター事業団　西那須野地域福祉事業所のはら園
	東京東部	センター事業団　青井地域福祉事業所（ワーカーズコープ青井）		神奈川	センター事業団　相模原南自立支援事業所一休
	九州沖縄	かりまた共働組合		関西	労働者協同組合はんしんワーカーズコープ
2	北海道	センター事業団　札幌西事業所はちけん地区センター現場	12	埼玉	センター事業団　埼玉北部自立支援事業所
	東京東部	903シティファーム推進協議会（午後のみ）		神奈川	センター事業団　ふじさわ地域福祉事業所六会ひだまり
	南東北	センター事業団　仙台地域福祉事業所けやきの杜　大野田児童館		山陰山陽	センター事業団　三原事業所
3	北海道	ケアワーカーズコープ北海道（いちいデイサービス）	13	埼玉	センター事業団　北本西部地域福祉事業所（くじら雲）
	九州沖縄	センター事業団　直鞍事業所		神奈川	センター事業団　横浜中部地域福祉事業所
	滋賀	センター事業団　草津みんなの家・放デイ第二もも		山陰山陽	労働者協同組合ワーカーズコープ山口
4	北海道	浦河べてるの家	14	埼玉	センター事業団　戸田自立支援事業所
	東京中央	センター事業団　西原ほほえみ保育園		北陸信越	センター事業団　下越地域若者サポートステーション
	滋賀	センター事業団　甲賀地域福祉事業所		九州沖縄	センター事業団　奄美がじゅまる
5	北東北	センター事業団　滝沢事業所　なないろ	15	東関東	労働者協同組合ワーカーズコープちば　高根台エリア　ハイティーンズカフェ事業
	東京中央	センター事業団　世田谷地域若者サポートステーション		北陸信越	センター事業団　魚津市福みんなのぽぴぃSUN
	関西	センター事業団　大阪中央事業所		山陰山陽	センター事業団　シェアクローバー事業所
6	南東北	センター事業団　多賀城八幡事業所	16	北陸信越	センター事業団　松本事業所集いの家ふらっと
	東京中央	UCI Lab.		山陽山陰	センター事業団　島根みらい事業所
	東海	センター事業団　愛知三河事業所			
7	東海	コモンウェーブ	17	東関東	センター事業団　佐倉&印西&我孫子事業所ファミリーサポート事業
	東京南部	センター事業団　みなと子育て応援プラザPokke		北陸信越	ワーカーズコープながの　長野中央病院清掃現場
	九州沖縄	センター事業団　ふくおか事業所		四国	センター事業団　保育所ぶどうの樹
8	北関東	センター事業団　前橋地域福祉事業所	18	東京北部	センター事業団　練馬エリア（学童・放デイ）
	東京南部	センター事業団　ほんかまたu-me 道塚放課後ひろば		東海	センター事業団　富士事業所
	九州沖縄	センター事業団　佐賀夢根っこ		四国	労働者協同組合無茶々園の森
9	北東北	センター事業団　遠野地域福祉事業所　わの里	19	東京北部	センター事業団　こぶし保育園
	東京三多摩山梨	センター事業団　立川事業所		東海	Campingspecialist労働者協同組合
	関西	センター事業団　但馬地域福祉事業所		四国	センター事業団　西山そらの学校
10	南東北	センター事業団　気仙沼地域福祉事業所	20	東京東部	センター事業団　江戸川地域福祉事業所nappa
	東京三多摩山梨	センター事業団　国分寺ふじもと地域福祉事業所あっぷ		北陸信越	労働者協同組合上田
	関西	センター事業団　豊中地域福祉事業所		東京中央	センター事業団　笹幡保育園

出典：協同労働・よい仕事研究交流集会2024年の配布資料より作成。

センター事業団は，労協法ができるまでは，NPO法人，中小企業等協同組合法によって規定される企業組合，そして，任意団体として事業を行ってきた。労協法設立後は，NPO法人「ワーカーズコープ」は労働者協同組合「ワーカーズコープ・センター事業団」へ法人移行，企業組合「労協センター事業団」は労働者協同組合「労協センター事業団」へと法人移行している。労働者協同組合「ワーカーズコープ・センター事業団」の主な業務内容は，子育て事業・自立就労相談支援・公共施設管理運営などであり，労働者協同組合「労協センター事業団」の主な業務内容は，高齢・障害・生活支援関連などである。そして，任意団体のセンター事業団の主な業務内容は，建物総合管理・緑化・物流などである。

3-5　事　例

ワーカーズコープの事業内容は多彩なため，代表的な事例としてパンフレットなどで紹介されることの多い，センター事業団の事例と労協連の正会員の事例を取り上げる。

◆　子育て支援事業

ワーカーズコープの子育て・子育ち支援事業は，1980年前後から，企業内保育園の委託などの形ではじまった。いまでは全国各地に，さまざまな子育て・子育ち支援事業が広がっている。

たとえば，センター事業団・北陸信越事業本部の管轄エリアにある上田事業所は，上田市内で26カ所の子育て施設を運営しながら，「子どもを地域の真ん中に，誰もが安心して暮らせる未来へ」を目標に，地域の大学生・高校生をはじめ，さまざまな人たちと一緒に，誰もが集える居場所づくりと，地域に必要な仕事づくりに取り組んでいる。中高生がいつでも使えるスペース「COCOON」では，市内の高校生主体で運営する子ども食堂「おけまる食堂」，中高生の集いの場として，200を超えるボードゲームを揃える「ボードゲームカフェBlokus」が定期的に開催されている。不登校の子どもがいつでも来られる「上

田おけまーるジュニアセンター」では，大学生・高校生の協力による学習支援も行われている。役目を終えた制服を安価で販売する「制服バンク」が運営され，みんなの居場所であり貸しスペースでもあるみんなのおうち「桑の葉」は，書道教室や養蚕文化継承活動の拠点にもなっている。その他，地域の困りごと支援チーム「万屋営繕NEXTBLOCKS」，デザイン工房「ORIKAMI」など，地域のニーズと地域の力をつなぎ，市民が自分たちで暮らしを支え合い，力を活かし合う地域づくりが広げられている。

　センター事業団・東京東部事業本部の管轄エリアにある江戸川地域福祉事業所nappaは，2020年に，江戸川区から，児童相談所の夜間電話相談業務と困難児童への訪問型学習支援を受託した。事業を進める中で，虐待・障害やヤングケアラーなどの困難を抱える子どもたち，孤立する親子や引きこもりの子どもたちと出会った。そこから，親も子も安心して話しができる居場所づくりの必要性を感じ，日本財団「子どもの第三の居場所事業助成」を活用して，江戸川区の一軒家にみんなのおうち「江戸川ベースnappa」を開設した。nappaは，自治体・学校・保育園・自治会・町内会や市民ボランティアなど，地域のあらゆる人たちの力を結集し，「地域で育てる，社会で支える」をスローガンに，子ども食堂や宿題ルームの運営，親同士の交流会や子育ち講座，カフェや引きこもりの人たちへのお弁当宅配やフードパントリーなど，分野を限定しない地域の支え合い活動拠点として，活用されている。

◆　生活困窮者支援をはじめとする公共事業の受託と地域との連携

　ワーカーズコープでは，自治体からの委託事業を主要財源とした，失業者や中高年齢者の仕事づくりのノウハウを基礎に，近年では，生活困窮者支援をはじめとする公共事業を受託し，地域の人たちと当事者たちの居場所をつくりながら事業を展開するケースも増えている。

　労協連の正会員であるはんしんワーカーズコープは，同じ職場で働いていた７人が，2014年に，阪神尼崎駅近くの商店街の空き店舗を事務所として借りて，造園業と介護事業をスタートしたことからはじまった。2015年には，地域で無

農薬の米づくり，2016年には，地域食堂「ごはんどキッチン」を開始した。2017年には，商店街の空き店舗を改装し，障害児の居場所として，放課後等デイサービス事業が立ち上げられた。同年には，コミュニティスペース「地域共創LAB」も設立された。LABは，レンタルスペースとして活用するなど，地域の人たちがやりたいことをもち込むことができる場所になっていった。2018年から，生活困窮者と生活保護受給者を対象に，就労準備支援事業を尼崎市から受託して運営している。2022年から，高齢者生きがい就労事業を開始し，自治体や社会福祉協議会，地域包括支援センターなどが作る協議体に加わり，「まちづくり仕事おこし講座」を開催するなど，住民主体で地域課題を解決する仕事づくりの立ち上げも目指している。組合員は，当初の7人から25人に増え，2023年4月に労働者協同組合に組織変更している。

　労協連の正会員であるワーカーズコープちばは，1987年，千葉県船橋市で中高年齢者の働く場として7人で事業を開始し，生協の物流センターの仕事や病院清掃を担ってきた。2000年以降は，高齢者福祉分野へ事業を広げ，2010年にはワーカーズコープちばに名称変更し，2013年以降は，生活困窮者支援の取り組みを強化して，地域で必要とされる仕事づくりをしている。2012年からは，生活保護受給者の就労支援などに取り組む中で見えてきた課題に応えようと，フードバンクを開始した。食品の寄贈は，千葉県内の社会福祉協議会と連携し，地域のボランティアによる食品の仕分けや発送の協力を得て，県内100カ所の受け取り窓口を通じてフードドライブを行い，困窮者家庭に毎日食品を届けている。その他，おむすび食堂（子ども食堂），制服バンク，一時保護のシェルター，「ぐるぐるカー」（若年女性を対象とする夜間巡回相談），「ハイティーンズカフェ」（定時制高校支援）など，地域の「困った」を，本来事業や社会連帯活動を通して，地域と共に支える取り組みを進めている。2022年12月には，労働者協同組合に組織変更している。

◆　**若者支援事業**

　ワーカーズコープは，2005年から千葉県芝山町を皮切りに，若者自立塾の運

営を開始した。その後，厚生労働省の制度が若者自立塾から若者サポートステーションに変更されてからも，全国で若者サポートステーションを開設してきた。

センター事業団・東京中央事業本部の管轄エリアにあるこみっとプレイスは，東京東部事業本部が運営する世田谷若者サポートステーションの当事者と共に，2018年に，「ともに生き，ともに働く」「誰もが役割を持てる場所に」をコンセプトに，就労継続支援Ｂ型事業として立ち上げられ，カフェの運営やハンドメイド作品の販売会などを行っている。利用者も組合員も共に働く仲間として，やりたいことや働き方などの意見を出し合う運営会議を行い，出された意見をみんなで形にし，新しい商品開発にも挑戦している。

◆ 自然共生・循環

ワーカーズコープでは，近年，自然と共生する事業も拡大してきている。

センター事業団・関西事業本部の管轄エリアにある但馬地域福祉事業所が立ち上げた「Next Green但馬」は，環境保全型小規模林業や若者サポートステーション，引きこもり支援や生活困窮者などの就労支援，森の学校による「地域の居間」づくりなどに取り組んでいる。もともと，兵庫県の公共職業訓練「新エネルギー・環境コース」を受託して訓練を進める中で，林業の後継者不足や森林環境の荒廃を「どうしようもない」と諦めている地域の実態が見えてきた。そこで訓練生が主体となって，次世代に遺す山づくりを目標に，「Next Green但馬」が立ち上げられた。山を育てながら，地域資源として木材を活用する林業をはじめ，間伐や危険木の伐採，薪や木工品づくりを行う中で，地域の人たちにもっと山を知って親しんでもらうことが必要だと認識された。組合員から，整備した森や自然を活用し，自然の中で子どもたちが主体的に育つ保育ができる場を立ち上げたいという声が上がり，豊岡市とも連携しながら，2022年に，森のようちえん「つむぐり」が立ち上げられた。つむぐりでは，自然体験を基礎にした自然教育や多世代交流が行われ，地域おこし協力隊による労働者協同組合「アソビバ」も設立され，事業連携を通して相互に発展が目指されている。

3-6 特 徴

　ワーカーズコープは，2002年に自組織を「協同労働の協同組合」と位置づけ，「働く人びと・市民が，みんなで出資し，民主的に経営し，責任を分かち合って，人と地域に役立つ仕事をおこす協同組合」と規定されることを確認してきた。その歴史からもわかるように，失対事業の打切りに対して，労働者が自主的・主体的に仕事づくりを行うという一種の労働運動（問題提案型の「オルタナティブな労働運動」）として発展してきたという特徴がある。

　事業内容としては，1980年代前半までは，公園緑化などの自治体からの委託事業，1980年代後半には，生協の物流センターの下請け事業や医療機関の施設管理，清掃業などの受託，そして1990年代後半以降は，高齢者介護事業などの福祉事業や2003年以降は各自治体から指定管理者制度などを利用した子育て支援事業を受託してきた。各地域における事業が広がり，労協連の中でも，センター事業団の就労者数は1万人を超え，また，日本社会連帯機構による「みんなのおうち」の取り組みなど，地域にとって欠かせない存在へと発展してきた。

　特に，センター事業団は，1つの団体として活動することによって，バックオフィス業務や法務・税務相談機能を一元化し，法人運営にかかるさまざまな費用を節約するなど事業運営を効率化し，労働運動としての労働者協同組合運動を広げると共に，地域に必要なさまざまな仕事づくり・事業づくりの支援機能も担ってきた。しかし，組織規模が大きくなったことで，たとえ「全組合員経営」を基礎に，事業所ごとに民主的な組織運営がなされていたとしても，現場の最前線で働く人たちのすべての声を，センター事業団の本部まで届けることは難しくなったという現状もある。組織規模が拡大し，本部機能（管理労働）の重要性もより増して，管理労働と現場労働がさらに乖離していくのではないかという危機感が強まる中，センター事業団では，労協連の組織原則である「7つの原則」によって，組合員や就労者が同じ方向を向いて運動と事業を続けていくことが確認されてきた。原則の唱和はその表れであるともいえる。

　「7つの原則」は，図表2-10のように改訂されてきたが，5回の原則すべ

てに入ってきた用語に,「よい仕事（良い仕事）」がある。また,「自主」「自発」「自立」「主人公」という,労働者の「主体性」を表す用語のいずれかも入っている。さらに,「地域の住民運動」「地域住民運動」「地域の運動」「地域で連帯」「地域の自治力」といった,地域の自治や地域との連帯を意識した用語も入っている。

　以上の原則に関する改訂の経緯から,ワーカーズコープは,「人間らしい労働」（使命）を目指し,労働者による「主体性」のある「よい仕事」を「地域」のために展開してきた労働運動であることが見出せる。

4　ワーカーズ・コレクティブとワーカーズコープの共通点と相違点

4-1　事業内容や組織運営における共通点

　ワーカーズ・コレクティブとワーカーズコープは,どちらも労働者協同組合として運営されていることから,働く人たちが所有し管理する協同組合であるという点で共通している。また,地域の人たちが,自分たちや地域にとって必要なもの,あるいは,社会的有用物を生み出していくという点でも共通している。そうした事業は地域に開かれた事業であり,地域の自治の力で推進されていくケースも少なくない。さらに,事業内容は,高齢者介護や子育てや若者支援など福祉関係の仕事が多く,行政からの委託が多い点も共通している。

　そして,「人づくり」を促す組織ということも共通点である。ワーカーズ・コレクティブにおける労働は,「賃労働」に対して本来の労働を取り戻そうという取り組みであり,自主管理を通じて,組合員の能力・適性・個性を最大限に生かせるように組み合わせ,各人のもつ創造性とエネルギーを最大限に発揮することが目指されてきた。ワーカーズコープにおける労働は,その設立から一貫して,「人間らしい労働」（使命）が目指されてきた。そして,労働者が主体的に行う「よい仕事」と「協同労働」によって,労働者1人ひとりの発達が

目指されてきた。

4-2 運動の発生プロセスとガバナンスにおける相違点

一方，ワーカーズ・コレクティブとワーカーズコープは，同じ労働者協同組合でありながら，相違点も少なくない。

◆ 運動の発生プロセス

相違点の１つは，運動の歴史的経緯が異なることである。労協法の制定プロセスや労協法施行後の新たな労働者協同組合の設立支援以外は，基本的に，各々に運動が進められてきた。ワーカーズコープは，もともと労働組合が母体だったことから，労働運動の色合いが強く，「よい仕事」を「地域」のために広げながらも，地域における受け身ではない自主的・主体的な「仕事づくり」が重視されている[30]。これに対して，ワーカーズ・コレクティブは，もともと生活クラブ運動が母体にあったという歴史，そして「生活」と向き合う中で社会的有用物をつくることの必要性を意識し，事業活動を通じて消費者から生産する「生活者」へと発達していくことに意義をおいてきたことから，生活者運動あるいは市民運動としての色合いが強い。

労働運動が主軸にあるのか，生活者運動・市民運動が主軸にあるのかについて，どちらも社会運動という位置づけをすればあまり変わらないという捉え方もできるが，「労働者協同組合」という呼称を用いると，必然的に「労働」や「労働者」という言葉が強調される。「協同労働」と表現を変えても，「労働」という言葉は強調される。一方，私たちの「生活」や暮らしを守り，向上させることが「人づくり」につながる（富沢（1987）135頁）という観点を踏まえると，労働者協同組合運動においては，労働者の「労働」だけでなく，「生活」にも焦点を当てなければ，「人間らしい労働」を実現することはできない。すなわち，労働者を単に「労働」する人として捉えるのではなく，「生活」を営む人として，その全体性から理解すること（富沢（1987）133頁）が重要になる。そのため，労働者協同組合運動を展開していく際には，労働者の「生活」

も重要であることを，わかりやすく表明することが必要になる。

ワーカーズ・コレクティブは，生活や地域の中から生まれた生活クラブ運動の一事業として展開されてきたことから，その運動においては，労働者の「労働」も「生活」も重視されてきた。たとえ，事業規模（事業高）が小さいことや労働対価が低いことに対するに批判があったとしても，今後も生活者運動として，生活や地域をベースにした「オルタナティブ経済」を目指して事業を進めることが，その発展には必要である。

一方，ワーカーズコープは，さまざまな背景をもつ人々と主体性を重視した仕事づくりを進めてきたことから，その運動においては，労働者の「労働」が重視されてきた。これに対して，センター事業団では，日本社会連帯機構の活動を通じて，組合員や地域住民の「生活」ニーズを事業へと広げ，「FEC自給圏」や各地域の「協同労働ネットワーク」などの「コミュニティ経済」を広げてきた。たとえその活動が，直接的に事業規模（事業高）を大きくすることにはつながらないとしても，労働者の「生活」をより重視する観点から活動を継続していくことが，その発展には必要である。

◆　ガバナンス

もう1つの相違点は，ガバナンスの違いである。

図表2-19は，WNJと各ワーカーズ・コレクティブや連合組織との関係性を表している。前述したように，ワーカーズ・コレクティブの特徴として，運営に関しては直接民主主義を貫くことが原則とされていることから，組合員の人数はそれが可能な範囲に抑えられることが多く，組合員数が増える場合には別のワーカーズ・コレクティブが作られるケースもある。その上で，各々に独立したワーカーズ・コレクティブの連合組織として，東京ワーカーズ・コレクティブ協同組合や神奈川ワーカーズ・コレクティブ連合会といった都道府県別の連合組織，あるいは，ACTのような業種別の連合組織が形成される。さらに，各々の連合組織から運営委員を選出して形成されるネットワークが，全国組織のWNJということになる。

図表 2-19　WNJのガバナンス

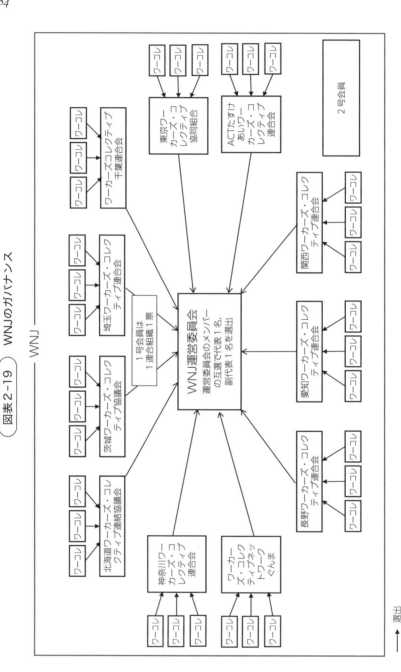

また，各ワーカーズ・コレクティブの役員や代表，都道府県の連合組織の役員や代表，WNJの役員や代表になったとしても，それは管理労働ではなく，あくまで各組織の代表機能を担っているだけであり，外部理事などを除けば，基本的に役員や代表であっても，各ワーカーズ・コレクティブにメンバー（組合員）として所属することが基本であり，現場労働を担っている。たとえば，WNJ・現代表の藤井恵里は，労働者協同組合ワーカーズ・コレクティブ・グランの組合員であり，WNJの仕事が多忙でない限り，1トントラックを運転して配送業務を担っている。これも，直接民主主義に基づく運営を形骸化させないための工夫といえる。

さらに，ワーカーズ・コレクティブでは，各団体の組織規模や特徴による違いはあるが，基本的に，役員や代表を定期的に交代する仕組みがとられている。これは，さまざまなメンバー（組合員）に主体的な判断ができるようになることを促し，特定のメンバー（組合員）に情報や権力が集中することを避ける仕組みといえる。

一方，図表2-20は，労協連とセンター事業団の関係性，センター事業団の組織運営図とガバナンスを表したものである。

センター事業団では，各地域のいくつかの事業所が集まることによって，主に管理業務（管理労働）を担う事業本部が形成される。事業本部には，労働者協同組合の設立支援機能や人材育成機能もあるため，地域のニーズを受けて，その地域の人たちと共に新たな事業所を開設することもある。

センター事業団においては，各事業所の組合員から成る総代会が最高意思決定機関，理事会が執行機関・代表機関，本部が事務執行機関と位置づけられる。事業本部の本部長・事務局長，および，各事業所の所長を決める際の最終決定段階には，理事会の意思（任命）が反映される。

組織運営に関する重要な意思決定は，1年に1回行われる総代会において，組合員の1人1票の議決権によって決定される。ただし，センター事業団には7千人を超える組合員がいることから，1人1票の議決権をもっていたとしても，組合員すべての意思を反映させることは容易ではなく，事業所レベルでの

図表 2-20　労協連とセンター事業団のガバナンス

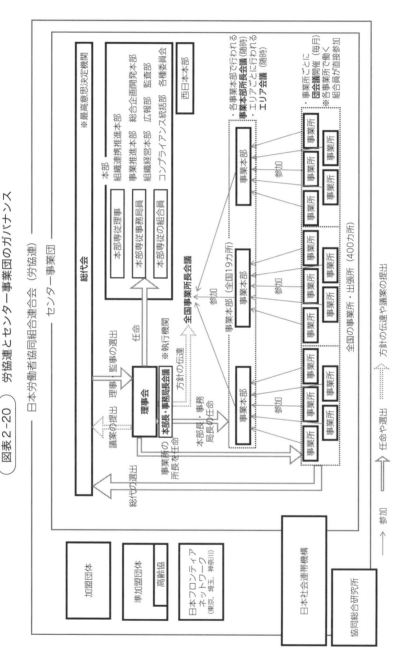

出典：図表 2-12・2-14、『ワーカーズコープ・センター事業団ハンドブック』(2023)、塚本 (1994) 37頁などを参照して、筆者作成。

第2章　日本における労働者協同組合の展開　87

日常的な意思決定や対話によって組合員の意思を反映させていくことが重要になる。そのため，センター事業団では「全組合員経営」に取り組むための方法として，「団会議」[31]が重視されてきた。組合員それぞれが所属する事業所の団会議に参加し，「3つの協同」の1つである「働く者どうしの協同」が意識されてきた。さらに，組合員は，事業所，事業本部，本部が主催するさまざまな会議・集会・研修に参加することで，自分たちの意思を反映させる機会を担保してきた。

　なお，センター事業団の本部と事業本部に勤める人は「全国事務局員」と呼ばれることがある。全国事務局員は，全国的に共通して必要となる事務的な仕事を担ったり，労働者協同組合運動を全国に広げるための研修やイベントを行ったり，各地で立ち上がるさまざまな事業に関して情報収集・共有して，各地で活動するさまざまな市民活動と労働者協同組合の事業をつなげる仕事を担っている。

　全国事務局員の人事は，基本的に本部によって決定される。全国事務局員は，本部にとどまるだけでなく，全国の各事業本部に本部長や事務局長として配属される可能性もあるため，全国のさまざまな事業を常に把握し，各地域において，労働者協同組合を拡大する役割を担う。

　全国事務局員の採用・登用経路は3つあり，1つ目が本部採用，2つ目が各事業本部で採用されたブロック事務局員からの登用，そして3つ目が各事業所で採用されたブロック事務局員からの登用となる。2つ目と3つ目について，採用されたブロック事務局員が全国事務局員になる場合，本部の面接が行われて採用されることになる。3つ目の各事業所から登用されるケースに関しては，その全国事務局員が当初採用された事業所の管轄エリアにある事業本部と距離的に近い事業本部で登用されるケースも多い。

　センター事業団でも，ワーカーズ・コレクティブと同様に，全国事務局員が，現場労働も管理労働も担うケースは少なくない。一方，両方を担う全国事務局員の場合，業務量が増えることになるため，その業務量と労働時間の調整が必須になる。

センター事業団は，ワーカーズ・コレクティブに比べ，事業高も大きく，1万人もの就労者を擁することから，体系立ったガバナンス構造が形成されてきた。しかし，組合員の意思をより反映させやすくするため，また，管理労働を減らすためには，組織を細分化していくという選択肢も考えられる。一方，労働者協同組合運動を広げていくためには，各地域のさまざまなニーズに応えられるような，人材的・財政的基盤を備えた，センター事業団のような一定の規模をもつ労働者協同組合も必要になる。

　以上のように，ワーカーズコープとワーカーズ・コレクティブは，同じ労働者協同組合で括られ共通点も見出せる一方，その変遷やガバナンスについては，大きな違いもある。

　しかし，違いがあるからといって両者が対立するのではなく，ワーカーズコープでいえば，「労働」を主軸に運動を進めてきたこと，事業性の高さ，そして組織の大きさと運動の広がり，ワーカーズ・コレクティブでいえば，「生活」を主軸に運動を進めてきたことや，直接民主主義の重視など，お互いの強みといえる部分を尊重し，連携していけるかが重要である。なぜなら，労働者協同組合の活動の前提になっている資本主義システムは，私たちの生活や労働に根深く浸透していて，そのシステムに「包摂」されないよう，人間としての主体性を担保できることが，労働者協同組合運動においては重要になるからである。

　加えて，両者が，今後も活動を広げ，協同組合運動をますます活発に展開していくためには，両者が共に拡大してきた，人々の「生活」のベースにある「地域」で事業を広げることを意識して，「人づくり」を重視した「労働」を実現できるかがポイントになるだろう。さらに，「人づくり」を地域で深めるための「開かれた」活動ができるかも重要である。

[注]

1　原文は次の通りである。A business owned and controlled by its workers.

（USFWCウェブサイト「What Is A Worker Cooperative?」https://www.usworker. coop/what-is-a-worker-cooperative/）

2 　原文は次の通りである。Worker co-operatives are trading enterprises, owned and run by the people who work in them, who have an equal say in what the business does, and an equitable share in the wealth created from the products and services they provide.（Co-operatives UKウェブサイト「Start a worker co-op」https://www.uk.coop/start-new-co-op/support/start-worker-co-op）

3 　International Labour Organizationウェブサイト「SSE: Worker cooperatives」 https://www.ilo.org/global/topics/cooperatives/areas-of-work/WCMS_553558/ lang--en/index.htm

　　原文は次の通りである。They（Worker cooperatives）have a specific democratic governance structure of member-worker-owners, where decisions are made by those directly involved in the enterprise.

4 　生産者協同組合と現代の労働者協同組合の違いは，前者が主に製造業に関わっていたことによってついた名称であるのに対し，後者はサービス産業の労働者も含んでいた点とされる。また，労働者協同組合という用語が使用されるようになった背景には，所有者としての労働者の果たす役割に重要性があることを示す意味があったといわれる（塚本（1993）22頁，Mellor, Hannah and Stirling（1988）p.x, 訳書（1992）12頁）。

5 　Webb（1920; 2015）pp.149-150. 訳書も参照したが，原文から引用した。

6 　生活クラブ連合会ウェブサイト「生活クラブのしくみ」https://seikatsuclub. coop/about/shikumi.html，参照。

7 　同上。

8 　同上。

9 　生活クラブ連合会ウェブサイト「生活クラブ連合会の役割と組織」https:// seikatsuclub.coop/about/coop/outline.html，参照。

10 　生活クラブ生協が立ち上がるまでの生活クラブ運動の詳細な経緯や創設者たちの想いについては，横田（2002）や岩根（2012）が詳しい。

11 　ワーカーズ・コレクティブでは，組合員ではなくメンバーという言葉が使われることが一般的である。ワーカーズ・コレクティブのなかには，NPO法人で活動する団体が36％（WNJ（2024）93頁）存在するため，出資や組合員という言葉が相応しくない場合がある。本書では，組合員あるいはメンバーと表現する場合は，1人1票の議決権をもつ構成員であることを意味する。労働者や働く人と表現す

る場合は，出資者に加えて出資していない人も含まれることを意味する。あるいは，参考資料や団体へのヒアリングから，構成員が出資しているかわからない場合も，労働者や働く人，あるいは就労者とする。

12 メンバー6,186人のうち，回答者数6,186人（回答率100.0％），女性は5,571人，男性は615人である（WNJ（2024）94頁）。

13 メンバー6,186人のうち，回答者数6,161人（回答率99.6％），10・20代93人，30代301人，40代857人，50代1,426人，60代2,024人，70代以上1,460人である（WNJ（2024）94頁）。

14 メンバー6,186人のうち，回答者数6,049人（回答率97.8％），1年未満が807人，3年未満が785人，5年未満が636人，10年未満が1,233人，15年未満が1,031人，15年以上が1,557人である（WNJ（2024）94頁）。

15 福祉クラブ生協は，自分が長年住み慣れた地域を離れることなく，地域の中で育んできた人間関係を保ち，たすけあいながら自分らしく暮らすための「在宅福祉支援システムづくり」を行っている。2023年に，118団体のワーカーズ・コレクティブが地域で活動している。事業内容は，家事介護，食事サービス，移動サービス，施設サービス，子育て支援サービス，成年後見サポート，LPA（ライフプランニングアドバイザー）などである。福祉クラブ生協は，ささえあいによる「コミュニティオプティマム福祉（自らが地域に住み暮らし続けるための最適の福祉）」の実現をワーカーズ・コレクティブ方式でつくってきた。福祉クラブ生協の取り組みを紹介した資料として，福祉クラブ生活協同組合編（2005）がある。

16 福祉クラブ生協ウェブサイト「福祉クラブ生協概要」の「運動の趣旨」https://www.fukushi-club.net/about/profile/

17 グリーンコープ生活協同組合連合会ウェブサイト「ワーカーズ紹介」https://www.greencoop.or.jp/workers-collective/からカウントした。

18 福祉有償運送とは，タクシー等の公共交通機関によっては要介護者，身体障害者等に対する十分な輸送サービスが確保できないと認められる場合に，NPO法人，公益法人，社会福祉法人等が，実費の範囲内であり，営利とは認められない範囲の対価によって，乗車定員11人未満の自家用自動車を使用して会員に対して行うドア・ツー・ドアの個別輸送サービスをいい，この福祉有償運送を行う場合には，運輸支局長等（兵庫県にあっては神戸運輸監理部長，沖縄県にあっては陸運事務所長を含む）の行う登録を受ける必要がある（国土交通省自動車交通局旅客課（2008）「福祉有償運送ガイドブック」5頁　https://www.mlit.go.jp/jidosha/sesaku/jigyo/jikayouyushoryokaku/GB-honbun.pdf）。

19 2024年6月21日に，神奈川ワーカーズ・コレクティブ連合会で行った訪問インタビュー調査でいただいた各種資料をまとめている。

20 日本労働者協同組合連合会ウェブサイト「労働者協同組合（ワーカーズコープ）とは」https://jwcu.coop/about/

21 ただし，時期や状況によって言葉の相互関係や定義は曖昧であり，今後も修正が加えられる可能性は高い。

22 ワーカーズコープの労働について，「協同労働」という言葉が用いられるようになったきっかけは，1992年ごろに，当時，協同総合研究所の専務であった菅野正純が使用しはじめたことにある（労協連35年史編纂委員会（2017）65頁）。協同労働を「3つの協同」の観点から定義したのも菅野正純である（菅野（1998）22～24頁）。ただし，もともと「協同労働」という言葉は，「協同組合における労働」と説明されたり（たとえば，山田（2005）11頁），「本来，人間労働と人間社会は，協同的であり，そのかぎりですべての労働は『協同的労働』であるということができる」（芝田（1987）247頁）と捉えられることもあり，ワーカーズコープの労働に限定されるものではなく，より広義なものと考えられる。

23 『センター事業団パンフレット2024』8頁。

24 日本労働者協同組合連合会ウェブサイト「わたしたちの軌跡」https://jwcu.coop/about/history/も参照した。

25 日本高齢者生活協同組合連合会ウェブサイト「日本高齢者生活協同組合について」http://koreikyo.jp/?page_id=74

26 日本社会連帯機構ウェブサイト（https://rentai.roukyou.gr.jp/）も参照している。

27 『日本社会連帯機構2023年度総会資料』50頁。

28 「日本労働者協同組合連合会事業案内2023-2024」8頁。

29 「センター事業団パンフレット2024」16頁。

30 ワーカーズコープの運動は，「協同労働という労働を軸に置いた運動」であり，「これまでの市民運動とは質がちがう」といった分析もある（稲葉（2024）225頁）。

31 センター事業団の「団」をとって「団会議」と呼ばれる。

[第2章・引用文献]

・Berle, A.A. and Means, G.C.（1932）*The Modern Corporation and Private Property*, The Macmillan Company.（北島忠男訳（1958）『近代株式会社と私有財産』（現代経済学名著選集Ⅴ）文雅堂銀行研究社。）

- Braverman, H. (1974) *Labor and Monopoly Capital: The Degradation of Work in the Twentieth Century*, Monthly Review Press.（富沢賢治訳（1978）『労働と独占資本』岩波書店。）
- Hansmann, H. (1996) *The Ownership of Enterprise*, The Belknap Press of Harvard University Press.（米山高生訳（2019）『企業所有論―組織の所有アプローチ』慶應義塾大学出版会。）
- Laidlaw, A.F. (1980) *Co-operatives in the Year 2000（A Paper prepared for the 27th Congress of the International Co-operative Alliance）*, Co-operative Union of Canada.（日本協同組合学会訳編（1989）『西暦2000年における協同組合［レイドロー報告］』日本経済評論社。）
- MacPherson, I. (1996) *Co-operative Principles for the 21st Century*, International Co-operative Alliance.（日本協同組合学会訳編（2000）『21世紀の協同組合原則―ICAアイデンティティ声明と宣言』日本経済評論社。）
- Mellor, M. Hannah, J. and Stirling, J. (1988) *Worker Cooperatives in Theory and Practice*, Open University Press.（佐藤紘毅・白井和宏訳（1992）『ワーカーズ・コレクティブ―その理論と実践』緑風出版。）
- Webb, B.P. (1920; 2015) *The Co-operative Movement in Great Britain*, Forgotten Books.（久留間鮫造訳（1921）「消費組合発達史論―英国協同組合運動」大島秀雄。）
- WNJ（2018）『第13回ワーカーズ・コレクティブ全国会議in北海道　奪いあう経済から たすけあう経済へ―ワーカーズ・コレクティブは社会的経済の担い手』。
- WNJ（2020）『第14回ワーカーズ・コレクティブ全国会議in愛知「協同労働でつくる協同組合型地域社会づくり」へぇ～そうだったんだ ワーカーズ・コレクティブ みんなで悩んでいまがあるんだがね』。
- WNJ（2023）『第15回ワーカーズ・コレクティブ全国会議in神奈川　ワーカーズ・コレクティブ誕生40年～孤立や分断を協同の力でつなぎ持続可能な地域社会をつくろう』。
- WNJ（2024）『第16回ワーカーズ・コレクティブ全国会議in埼玉　いのちと暮らしを守るあたたかな経済―ワーカーズ・コレクティブで広げよう！　社会的連帯経済』。
- 天野正子（1996）『「生活者」とはだれか―自律的市民像の系譜』中公新書。
- 伊藤由理子（2023）「ワーカーズ・コレクティブの歩みとこれから」『生活協同組合研究』568号，5〜13頁。

第2章　日本における労働者協同組合の展開　*93*

・稲葉健太（2024）「社会連帯運動の創造と展開」労働者協同組合ワーカーズコープ・センター事業団『共につくりあげてきた協同労働の世界―よい仕事・全組合員経営を掲げて（労働者協同組合法時代を切り拓いたワーカーズコープ・センター事業団の35年〈各論編〉）』213～227頁。
・石見尚（1981）「労働者生産協同組合運動の現代的意義―協同組合運動の新しい潮流」『協同組合研究』1巻1号，12～20頁。
・岩根邦雄（2012）『生活クラブという生き方―社会運動を事業にする思想』太田出版。
・大高研道（2011）「ワーカーズ協同組合の現代的特徴と協同労働の課題」『協同組合研究』30巻1号，19～36頁。
・小澤祥司（2019）『日本一要求の多い消費者たち―非常識を常識に変え続ける生活クラブのビジョン』ダイヤモンド社。
・菅野正純（1998）「『協同労働の協同組合』を求めて―『労働者協同組合法』第1次案の内容と趣旨」協同総合研究所編『労協法のすすめ―研究年報Ⅲ』シーアンドシー出版，11～35頁。
・黒川俊雄（1993）『いまなぜ労働者協同組合なのか』大月書店。
・佐藤慶幸（2002）『NPOと市民社会―アソシエーション論の可能性』有斐閣。
・佐藤慶幸（2007）『アソシエーティブ・デモクラシー―自立と連帯の統合へ』有斐閣。
・「参加型福祉社会を拓く」出版プロジェクト編著（2000）『参加型福祉社会を拓く―介護保険時代，市民はどこまで主役になれるか』風土社。
・芝田進午（1987）「『協同組合労働』の理論と展望」芝田進午編『協同組合で働くこと―協同組合労働の現実と展望』労働旬報社，245～264頁。
・篠原匡（2022）『誰も断らない―こちら神奈川県座間市生活援護課』朝日新聞出版。
・市民セクター政策機構編集部（2021）「グラフで見るワーカーズ・コレクティブ」『社会運動』443号，36～43頁。
・第6回ワーカーズ・コレクティブ全国会議実行委員会（2004）『第6回ワーカーズ・コレクティブ全国会議in北海道記録集　働きづくり　まちづくり　ワーカーズ・コレクティブがあたたかい地域をつくる』WNJ。
・第7回ワーカーズ・コレクティブ全国会議実行委員会（2006）『第7回ワーカーズ・コレクティブ全国会議　ワーカーズ・コレクティブがリカレント（循環）型社会をつくる―自分らしく生きる働き方で』WNJ。
・第8回ワーカーズ・コレクティブ全国会議実行委員会（2008）『第8回ワーカーズ・

コレクティブ全国会議in熊本―ワーカーズ・コレクティブが誕生して25年―さあ がまだすばい 地域・世代をこえて働く場づくり』WNJ。

- 第9回ワーカーズ・コレクティブ全国会議実行委員会（2010）『第9回ワーカーズ・コレクティブ全国会議in埼玉　自給力・持久力・地域力アップ　3人からできる働く人の協同組合 ワーカーズ・コレクティブってすごいじゃない！』WNJ。

- 第10回ワーカーズ・コレクティブ全国会議実行委員会（2013）『第10回ワーカーズ・コレクティブ全国会議in千葉　地域再生にむけてネットワークでつくる「新しい公共」ワーカーズ・コレクティブが結ぶ地域の縁！円！援！』WNJ。

- 塚本一郎（1993）「労働者協同組合における労働者統制の意義―ウェッブの生産者協同組合批判に関連して」『大原社会問題研究所雑誌』417号，19〜34頁。

- 塚本一郎（1994）「労働者協同組合における統制の構造と実態―日本労働者協同組合連合会センター事業団の事例に即して」『大原社会問題研究所雑誌』432号，30〜47頁。

- 塚本一郎（1998）「イギリスにおける労働者協同組合の発展と衰退，新しい展開」『佐賀大学経済論集』31巻2号，71〜94頁。

- 手島繁一（1993）「労働者協同組合＝ワーカーズ・コープの意義と可能性」日本労働者協同組合連合会編『ワーカーズコープの挑戦―先進資本主義国の労働者協同組合』労働旬報社，11〜26頁。

- 富沢賢治編（1987）『労働と生活』世界書院。

- 富沢賢治（1997）「ワーカーズ・コープ」富沢賢治・川口清史編『非営利・協同セクターの理論と現実―参加型社会システムを求めて』日本経済評論社，328〜339頁。

- 樋口兼次（2020）『日本の労働者生産協同組合のあゆみ』時潮社。

- 藤井敦史（2023）「労働者協同組合法時代におけるワーカーズ・コレクティブと社会的連帯経済―神奈川における新しい中間支援組織作りの模索から」『生活協同組合研究』568号，23〜33頁。

- 福祉クラブ生活協同組合編（2005）『ワーカーズコレクティブ―地域に広がる福祉クラブのたすけあい』中央法規。

- 山根雅子（1991）『自主生産労組―東芝アンペックス争議八年のたたかい』木魂社。

- 労協連35年史編纂委員会（2017）『みんなで歩んだよい仕事・協同労働への道，そしてその先へ　ワーカーズコープ35年の軌跡』日本労働者協同組合（ワーカーズコープ）連合会。

- 労働者協同組合ワーカーズコープ・センター事業団（2024）『共につくりあげてき

た協同労働の世界―よい仕事・全組合員経営を掲げて（労働者協同組合法時代を切り拓いたワーカーズコープ・センター事業団の35年〈各論編〉）』。

・山田定市（2005）「非営利・協同組織と地域づくりの主体形成―労働論の視点をふまえて」『北海学園大学経営論集』2巻4号，1～18頁。

・横田克己（2002）『愚かな国の，しなやかな市民―女性たちが拓いた多様な挑戦』ほんの木。

・ワーカーズ・コレクティブ全国会議実行委員会（1995）『第2回全国会議記録集　ワーカーズ・コレクティブで社会を変えられるか―ワーカーズ・コレクティブの価値と原則』。

第 **3** 章

労働者協同組合の
現代的意義と役割

　日本の労働者協同組合は，主に，ワーカーズ・コレクティブやワーカーズ
コープという形で発展してきたが，いま，なぜ，労働者協同組合は期待される
のか。その現代的な意義・役割について考察する。

1　協同組合としての労働者協同組合の役割

◆　協同組合とその思想

　労働者協同組合は，当然ではあるが，協同組合の1つである。協同組合は，
そもそも，資本主義のもとでの暮らしをめぐる困難，特に経済的困難を打開し
ようとする大衆，たとえば，労働者，農民，小商工業者，主婦など弱い立場に
ある人々の協同の組織である（協同組合事典編集委員会（1986）891頁）。協同
組合の組合員は，困難を打開していく上で，「協同組合はどういうあり方をす
るべきかについての基本的な考え方」を共有し，それが協同組合思想あるいは
理念となる（協同組合事典編集委員会（1986）891頁）。したがって，協同組合
は，その時々の社会課題・地域課題に対して形成されるものであり，歴史的に
形成されるものであるともいえる。逆にいえば，各種の協同組合法に基づいて
設立される法人のみが協同組合というわけではなく，より幅広く捉えることが
必要になる。そのため，労協法に基づいて設立される法人のみが労働者協同組

合というわけではない。協同組合は，私たちが「当たり前」に考えてきたものよりも，より幅広く柔軟性のある概念といえる。

そもそも協同組合思想は，共同体の崩壊による利益社会の成立を前提に，近代的な自立した個人が協同組合を組織して，資本主義の弊害に対処しようとする思想である（協同組合事典編集委員会（1986）31頁）。協同組合思想の重要な要素の1つに，「協同体（communal society)」設立の思想がある。資本主義社会における協同組合は，一般的に，資本主義システムに適応して生き残るための弱者の経営組織という妥協的な性格をもっているのに対して，特定の場所に集まった人たちが生産だけでなく日常生活においても協同し，内部では資本主義を否定して新たな社会システムとしての「協同体」を形成するケースがある。たとえば，ロッチデール公正先駆者組合の目標は「協同体」の建設にあった（協同組合事典編集委員会（1986）31頁）。

日本の労働者協同組合運動に引き寄せていえば，生活クラブ運動が，生活クラブ生協やワーカーズ・コレクティブを設立し，各地域に「オルタナティブ経済圏」を生み出そうとしてきた動きにも通じる。また，ワーカーズコープでは，日本社会連帯機構によって生み出されてきた「みんなのおうち」や「FEC自給圏」のような「コミュニティ経済」の取り組みによって，各地域のワーカーズコープ以外のさまざまな主体が連携・連帯して，地域にとって欠かせない存在へと発展し，新たな社会システムの基礎を築いてきた動きにも通じる。このような「協同体」の建設は，日本において協同組合と把握されるもの以外に，たとえば，農山漁村や離島などでも展開されている。

◆ 協同組合において重視されてきた「相互扶助」の本質
〜「自助」と「自由」〜

協同組合では，「相互扶助」を基本に据えた運営が行われる。賀川豊彦は，協同組合の精神を一口にいえば，「助け合い組織である」といった（賀川（2012）80頁）。

そもそも相互扶助は，「①互いに助け合うこと。互助。②クロポトキンが

第3章　労働者協同組合の現代的意義と役割　*99*

ダーウィンの生存競争説に反対して主張した学説。生物や社会の進化は生存競争や闘争によるのではなく，自発的に助け合うことによるとする」（『広辞苑』第7版）と説明される。ピョートル（ピーター）・クロポトキン（Peter Kropotkin）によれば，人間は，自然の中で厳しい生存条件に新たに適応していくことを求められながら生存のための努力を続けてきたが，相互扶助は最強の武器を提供するものであり，その実践は常に進歩の方向への進化につながるような働きをするという（Kropotkin（1904）p.216，訳書（2012）27頁）。

相互扶助は，「自発的に助け合う」と定義されるように，甘え合いではなく「自助」が前提にあり（協同組合事典編集委員会（1986）891頁），人間1人ひとりが自分の困難の打開に全力を尽くす中でこそ，自分から他人への扶助が生き，他人からの扶助が生きることになる。「自助」は，「自主」「自立」であることから，協同組合では，組合員が他人から強いられることなく「自主的」＝「自発的」に協同に参加し，行動することになる[1]。このことによって，協同組合は外部からの援助に依存することなく，また外部から支配されたり影響されたりすることなく活動ができるようになり，協同組合が「自由」を理念とすることにつながる（協同組合事典編集委員会（1986）891頁）。

◆　事業性と運動性の両立

労働者協同組合も他の協同組合と同様に，資本の抑圧に抗する生活者である労働者たちが，共同で所有し民主的に管理する事業体を通じて，共通の経済的，社会的，文化的なニーズと願いをかなえることを組織目的としながら，「相互扶助」を基礎に，自主的，自発的に協同することによって外部から支配されたり影響されたりすることがないという意味で「自由」に活動を展開する協同組合の1つである。

協同組合の特徴の1つは，「事業体」でありながら「運動体」という性格にある。労働者協同組合も，他の協同組合と同様に，事業性と運動性の両面を追求していくことになる。たとえば，資本主義企業においては，雇用調整，労働過程の再編，報酬，労働時間を通じて収益の最適化が行われるのに対して，協

同組合では雇用関係の維持，すなわち，人間が重視されるため（Boyer（2023）pp.60-61，訳書（2023）74～75頁），雇用調整や労働過程の再編などにおいても，人間が重視された判断が行われる。労働者協同組合では，労働者である組合員が組織の意思決定者でもあるため，労働過程の再編などにおいて，より慎重な判断が行われるだろう。また，事業性が強くなればなるほど，資本主義企業では事業分野を利益の出やすい分野に集中させ，利益の出にくい分野を切り捨てる判断が行われるが，労働者協同組合では，そこに相互扶助を基礎にした運動性が加わることによって，労働者同士を尊重するような判断がなされると考えられる。

　これは，日本の労働者協同組合の経営にも反映されている。実際，2008年のリーマンショックに端を発した世界同時不況以降，生活困窮者をはじめ，貧困や格差をめぐりさまざまな課題を抱える人々が増えたことを背景に，労働者協同組合はその役割を強めてきた。たとえば，ワーカーズコープは，前身が失対事業からはじまったこともあり，目の前で困っている生活困窮者や障害者をはじめとする社会的弱者に常に手を差し伸べる実践を続けてきた。また，一方的に手を差し伸べるだけでなく，地域に暮らす社会的弱者と共に仕事づくりを行うことによる社会的包摂にも積極的に取り組んできた。ワーカーズ・コレクティブの関わる「チーム座間」では，「誰も断らない」取り組みにみられるように，若者や障害者をはじめとする社会的弱者を社会に包摂してきた。このように，労働者協同組合では，資本主義システムから排除され困難を抱えている人たちに，組織に参加できる仕組みや一緒に仕事をつくることのできる取り組みを実施し，「誰も断らない」「誰も排除しない」という考え方を貫いてきた。これは，労働者協同組合の現代的意義の1つになっている。

　協同組合は，一般的に，組合員同士の相互利益の実現を可能にする共益的な組織と捉えられる。しかし，社会運動の一環としても発展してきた労働者協同組合は，資本主義システムから生み出されるさまざまな課題を解決したいと願う地域住民や市民と共に，主体性をもって地域に必要な課題を解決することで事業を広げてきた。労働者協同組合は，共益的な協同組合の枠を超え，公益的

な役割を担う存在として，運動性と事業性を両立させながら，地域にオルタナティブな経済圏を増やすことによって，資本主義システムに対抗している。

2　本来の労働を取り戻す労働者協同組合の役割

　労働者協同組合は，さまざまな制約を伴いながらも，「疎外された労働」に真正面から取り組む運動であり，その現代的意義は，人間労働の回復を目指す「労働の見直し」にあると評される（山田（1999）170頁）。

◆　アソシエイトした諸個人が形成する労働者協同組合

　本書の冒頭でも触れたが，資本主義システムにおける労働は「賃労働」の形態をとる。「賃労働」は，労働者が生産過程で価値増殖（利潤増大）に当然のごとく参加し，資本を絶えず産出する労働である。労働者は，労働諸条件から切り離され，生きていくために自己の労働力を商品として資本家に売り，利潤最大化を目的とする労働を強制される（宮田（2023）286〜287頁）。

　これに対して，アソシエーションにおける労働は「アソシエイトした労働」という形態をとる。マルクスによって表現された，資本主義社会までの諸社会とは決定的に異なる新社会とされる「アソシエーション」では，「自由な労働する諸個人」が，意識的，自覚的，自発的，能動的，主体的に互いに結びつき合って社会を形成するといわれる（大谷（2011）326頁，参照）。アソシエーションの主体は「アソシエイトした諸個人・生産者たち」であり（宮田（2023）284頁），アソシエイトするということは，生活のために協同し，協働することを意味する（岩佐（2024）204頁）。ここでの「諸個人」の概念は，自らの生存に責任を負うものとして「自己から出発する」自立した主体であり，社会の中で有機的に結びつきながら協同している者をいう（岩佐（2024）237頁）。すなわち，アソシエーションとは，自由な「諸個人」が特定の目的をもって，主体的・能動的にかかわり結びついた協力・協同の運動であるといえる（岩佐（2024）246頁）。

アソシエーションにおける社会的生産は，資本主義的な生産のように，市場の価格変動により事後的に制御されるのではなく，「アソシエイトした生産者」たちによって，意識的・計画的に遂行される（宮田（2023）287頁）。労働者は，自分のものに対する様態で生産手段に関わり，社会的生産の実現と各人の個性の発展とを目的に生産を営む生産者であるため，剰余価値を目的とした生産および労働力の搾取，そして資本による支配はなくなる（宮田（2023）288頁）。

アソシエーションの根本原理は，各個人の十全で自由な発展にあるとされ（宮田（2023）285頁），カール・マルクスは資本主義とアソシエーションの分岐を，所有形態や分配形態ではなく，労働の固有のあり方，すなわち，労働の社会的形態の違いにみた（宮田（2023）286頁）。

アソシエーションにおける「アソシエイトした労働」に関して，宮田惟史が強調するのは，「アソシエイトした労働」は，主体的・自発的に結びついた諸個人が，意識的・計画的に全生産を制御するということである（宮田（2023）288頁）。そして，アソシエーションにおける生産物およびサービスの生産の目的は，①使用価値の生産によるすべての社会構成員の生活の向上，および，②それを通じた各個人の個性と能力の自由で全面的な発揮と発展という，①と②が同時に実現されることである。すなわち，アソシエーションの実現には，資本の抑圧に抗して主体性・自発性をもつ諸個人が，他の諸個人と能動的に協同して，使用価値の生産によってすべての社会構成員の生活の向上を目指し，諸個人が労働を通じて個性と能力を自由で全面的に発揮することが不可欠といえる。

労働者協同組合は，所有と経営と労働が一体化され，1人1票という平等な議決権に基づいて運営される人的結合体であることから，民主主義的な事業運営が実現される可能性をもつアソシエーションの一形態といえる。

この点に関連して，堀越芳昭は，協同組合は，自立した諸個人の結合による「労働の協同化」でなければならないと述べた（堀越（1989）290頁）。上田貞次郎は，協同組合は，労働者が各自の自律・協同によって資本の圧力を免れ，労働の状態を改善するために設けた共同の業務組織で，その特質は自律・協同

と相互扶助であり，協同組合にとって相互扶助だけではなく，自律・協同が重要であると述べた（上田（1975）264頁）。

したがって，労働者協同組合は，所有と経営と労働を一体化させることを特徴とし，使用価値の生産によって人々の生活の向上という役割を果たしながら，主体性・自発性をもつ諸個人が，労働を通じて個性と能力を自由に，そして全面的に発揮するという組織特性をもつことが重要になる。

◆ 労働者の構想と実行の分離を防ぐ協同組合労働と経営の追求

資本主義における「疎外された労働（労働疎外）」を克服するためには，「精神労働と肉体労働の分離」をしないこと，「構想と実行の分離」をしないこと（「実行からの構想の分離」をしないこと），そして，部分労働者を生み出さない経営が重要になる。ハリー・ブレイヴァマン（Harry Braverman）は，労働者協同組合（生産者共同体）のように，自主的に組織され，自由意志に基づく社会的労働の場合には，「構想と実行の分離」が起こりにくいと述べた（Braverman（1974）pp.113-114，訳書（1978）128頁）。

しかし，労働者協同組合における組合員が組織を所有し労働するようになったとしても，「賃労働」が定着してしまっている日本では，「賃労働」ではない働き方を想像することは，すべての人にとって容易なわけではない。自立と協同の労働，すなわち「協同組合労働」のあり方を追求することが重要であり（黒川（1993）98頁），労働者協同組合の組織特性を担保する民主的管理を構築する必要がある。同時に，労働者協同組合の労働者は，労働主体として自らの成長を目指すと同時に，民主的運営の主体としての力量が求められる（山田（1999）171頁）。

労働者協同組合は，これまで雇用されて働いていた者たちであっても，出資することによって自分の組織という主体意識を強めることができ，自ら働くことによって主体的な生産の歓びをもつことができ，経営に参加することによって経営責任を負い，収益配分を高める展望を抱くことによって生産意欲の向上につながることから，労働者にとってその設立は，自己の自由な創造力が生か

せるという希望になる（伊東（1989）10頁）。

ただ，協同組合の労働者が出資して組合員になったことが，直接的に自発性・主体性を発揮することにつながるわけではなく，特に組織規模が大きい場合，組合員が自発性・主体性を発揮できるよう担保する民主的管理が欠かせない。民主的管理においては，管理労働者（経営責任を直接に負う労働に従事している者）と現場労働者（経営責任を直接には負わない労働に従事している者）との間に支配・対立を生み出すような「資本主義的管理」を形成しないことが重要になる。

また，労働者協同組合の民主的管理においては，労働者1人ひとりを尊重するような管理が必要になる。労働者協同組合の労働者は，1人ひとりが地域に暮らす生活者でもある。1人ひとりが育ってきた環境，現在の家庭環境や生活環境は異なる。1人ひとりが違うということを認識した上で，お互いを尊重あるいは配慮できるような働き方を担保することが重要になる。1人ひとりのニーズを知り，徹底的な討議を行い，お互いに納得できる共通の権利としての要求にまとめられるような経験と努力も必要になる（黒川（1993）34頁）。

さらに，現場労働者が，管理労働者と共に，自主，民主，公開の原則に基づいて，経理（財務）の公開，そして，経営計画の公表を前提に討議を進める必要がある（黒川（1993）23頁）。労働者1人ひとりにとって，生活する上で必要になる給与水準を把握しておく必要もあるだろう。

一方，すべての労働者が尊重されるような組織運営を実行するには，管理労働者が負担している責任や組織運営の悩みを，現場労働者と共有する組織づくりも重要になる。現場労働者は，いつでも管理労働者になる準備が必要であり，管理労働者は現場労働者でもあるという理解が，労働者が経営者でもある労働者協同組合においては重要である。

3 コモンの形成によって生活を豊かにする労働者協同組合の役割

　アソシエーションの目標は，資本主義に特徴的な，無計画な分業に基づいた商品生産のあり方である「私的労働」をなくして「賃労働」を廃棄することにある（斎藤（2023a）210頁）。

　したがって，アソシエーションの形成においては，①ありとあらゆるものを「商品化」していく資本主義に対して，生活において本当に必要であり，かつ自然に優しい[2]「社会的有用物（使用価値）」を生産する経済を取り戻すこと，②「賃労働」を，本来の人間らしい生活を基盤にした自立的労働へと転換していくこと，それに加えて，③「コモン」を増やし，誰もがアクセスできる共有財産を増やすこと，という３つの取り組みが必要になる。

　「コモン」が増えれば，商品化された領域や人工的希少性の領域を減らすことができ，その結果として，これまで貨幣によって利用機会が制限されていた希少な財やサービスをみんなで利用することができるようになる。そして，私たちの生活は豊かになる。「コモン」の領域を維持するためには，人々が主体性をもって共同で管理しながら生産するということが重要になる（斎藤（2023b）252頁）。すなわち，「コモン」の共同管理を通じて，人々が実質的に意思決定に参加し，統治や制度化に関わるという「自治」（構想および実行）によって，社会をつくる主体が形成されていく。

　この「コモン」を形成する主体の１つとして期待されている組織が労働者協同組合である。労働者協同組合は，全員が出資することによる共同所有によって，生産すること，サービスを提供すること，事業を行うことを「コモン」として実施しようとする取り組みである[3]。

　そこに参加する労働者は，共同所有と共同管理を通じて，意思決定に実質的に参加することで，組織と地域の「自治」における「構想」力と「実行」力を身につけていくことができる。自治については，カルト宗教団体も，陰謀論に

まみれた政治団体も，排外主義の差別団体であっても「自治」組織であり，良い「自治」と悪い「自治」がある（斎藤（2023b）236頁）といわれる。本書が考える「自治」は，住民自身が地域のあり方を考え，課題解決していこうとすることである（岡田（2023）3～4頁）。地域の人々が，自らの生活と労働を再考し，生活領域を安心して住みやすくするためには何が必要かを自分事として考える住民自治や地域自治といった「自治」の考え方を基礎にして，多世代がそれぞれにもつ経験や特性を活かして地域課題に取り組み，人と人とがつながる新しいコミュニティ，そして「コモン」を形成していくことは，社会的孤立を予防することにもつながるだろう。

[注]

1　協同組合や協同労働で表現される自助，自立・自律は，新自由主義のいう「自己責任」としての自助，自立・自律とは同義でないことを付言する。

2　人間と自然との物質代謝を合理的に，つまり，短期的に食い潰してしまうのではなく，長期にわたって持続可能な形で制御するということが重要である（斎藤（2023a）148頁）。

3　この点に関して，斎藤幸平は「（労働者）協同組合においては，構成員の労働者たちは，自分たちで出資し，共同経営者となります。そうすることで，労働者は自分たちで能動的に，民主的な仕方で，生産に関する意思決定を目指します。資本家たちに雇われて給料をもらうという賃労働のあり方が終わりを告げ，自分たちで主体的，かつ民主的に会社を経営するようになるわけです」（斎藤（2023a）209頁）と労働者協同組合のポテンシャルについて評価している。

[第3章・引用文献]

・Boyer, R.（2023）*L'économie sociale et solidaire: Une utopie réaliste pour le XXIe siècle?*, Les petits matins.（山田鋭夫訳（2023）『自治と連帯のエコノミー』藤原書店。）

・Braverman, H.（1974）*Labor and Monopoly Capital: The Degradation of Work in the Twentieth Century*, Monthly Review Press.（富沢賢治訳（1978）『労働と

独占資本』岩波書店。）

・Kropotkin, P.（1904）The Ethical Needs of the Present Day, *The Nineteenth Century and After,* August, pp.207-226.（大窪一志訳（2012）「いま求められている倫理」『相互扶助再論─支え合う生命・助け合う社会』同時代社，5～64頁。）

・伊東勇夫（1989）「労働者生産協同組合の現代的意義と展開の可能性」『協同組合研究』8巻2号，6～18頁。

・岩佐茂（2024）『マルクスの生活者の思想とアソシエーション』桜井書店。

・上田貞次郎著，猪谷善一・山中篤太郎・小田橋貞寿編（1975）『上田貞次郎全集第1巻「経営経済学」』第三出版。

・大谷禎之介（2011）『マルクスのアソシエーション論─未来社会は資本主義のなかに見えている』桜井書店。

・岡田知弘（2023）『13歳から考えるまちづくり』かもがわ出版。

・賀川豊彦（2012）『復刻版 協同組合の理論と実際』日本生活協同組合連合会出版部。

・協同組合事典編集委員会（1986）『新版　協同組合事典』家の光協会。

・黒川俊雄（1993）『いまなぜ労働者協同組合なのか』大月書店。

・斎藤幸平（2023a）『ゼロからの「資本論」』NHK出版。

・斎藤幸平（2023b）「「自治」の力を耕す，＜コモン＞の現場」斎藤幸平・松本卓也編『コモンの「自治」論』集英社，233～273頁。

・堀越芳昭（1989）『協同組合資本学説の研究』日本経済評論社。

・宮田惟史（2023）『マルクスの経済理論─MEGA版「資本論」の可能性』岩波書店。

・山田定市（1999）『農と食の経済と協同─地域づくりと主体形成』日本経済評論社。

第4章

日本の労働者協同組合の課題と その解決に向けて

　日本においても，労働者協同組合の役割は増しているが，レイドローが，労働者協同組合は「あらゆる種類の協同組合のなかで，おそらく一番複雑で，スムースかつ成功裡に運営することの難しい協同組合」であり，その発展には「出資の造成，雇用労働者（非組合員），所得の分配，残余財産の分配，出資金の払戻し，内部留保の積立など」（Laidlaw（1980）p.61，訳書（1989）162頁），多くの課題や困難が山積していると指摘したように，その経営は非常に難しいといえる。

　たとえば，1990年代に，バブル経済の崩壊による長期不況によってあおりをうけたワーカーズコープは，1998年度にはじめて800万円の赤字決算を経験し，1999年度には2億8千万円の赤字を出した（労協連35年史編纂委員会（2017）57頁）。これを背景に，1980年代の労働者協同組合の賞賛ブームは一転し，1990年代には，経営や組織運営の実態を冷静に観察する研究や労働者協同組合に対する明確な批判も登場するようになった（小関（2000）34頁）。2001年度から2002年度に，ワーカーズコープは，介護保険関連事業を拡大したことによって黒字に転換した（労協連35年史編纂委員会（2017）59頁）。一見すると，成功したようにみえるが，事業内容が公共事業に変わっただけという見方もできる。公共事業は自主事業とは異なり予期せぬ制度変更を伴うこともあることから，長い目でみれば決して事業が安定したとはいえないだろう。

従来，成功しているかのようにみられていたスペインのモンドラゴン協同組合も，2008年のリーマンショック後に経営が悪化し，主要事業であったファゴール家電が倒産している[1]。モンドラゴン協同組合では，複合的な事業形態を活かして起業資金の拠出を行ったり，起業支援組織による新規事業開発を行うなど，労働者協同組合を長期間存続させるために事業の入れ替えが行われている（宮本（2023）96頁）。ファゴール家電の倒産とその後の組織内の再編成は，どんなに成功しているモンドラゴン協同組合においても，市場経済に対して生き残るためには，必然のことだったともいえる。したがって，現時点では成功している労働者協同組合であっても，資本主義経済という競争がベースになった経済システムにおいては，各組織において，経営に関する工夫や革新が必要といえる。そして，労働者協同組合が資本主義で事業を継続するためには，事業性の確保を常に視野に入れておかなければならない。

　一方，現在，日本の労働者協同組合が直面しているのが，組織運営をめぐる課題である。ビアトリス・ポッター・ウェッブが3つ目にとりあげた「経営能力の欠如」に関連する課題ともいえる。

　労協法施行後の2023年4月，センター事業団の女性幹部が2019年にくも膜下出血で死亡したのは過重労働が原因だとして，八王子労働基準監督署が労災認定を行った[2]。この労災認定について，過労死防止等対策推進全国センター代表幹事の川人博は，「働く人が主人公という，崇高な理念を掲げたとしても，過労死に至る過重労働が存在した事実を直視し，速やかに改善しなければならない。特に，本件の職場では，実労働時間の把握が全くなされておらず，健康診断も数年間にわたり実施されていなかったなど，基本的な勤務条件と健康管理の管理がなされていなかった」と分析した上で，労働者協同組合を推奨する研究者が労働現場から学び，研究分析の上発言すべきとも主張している[3・4]。

　また，2023年7月に，センター事業団は，新宿区から業務委託を受けていた学童クラブや児童館の職員数について，契約の内容を満たすために勤務実態のない職員の名前を報告書に記載して，人数を水増ししていたことが明らかになった[5]。どちらの事例も，その事象がなぜ起きたか，組織を取り巻く環境を

含めて細部にわたり分析しなければならないが，どのような理由があったにせよ，協同組合原則の「正直」に反して虚偽報告を行ったことは，その存在意義を問われる問題といえる。

労協法の成立によって，新たな労働者協同組合法人が設立されはじめたいまだからこそ，より一層，労働者協同組合にとって求められる経営とは何かを考えなければならない。本章では，現在，日本の労働者協同組合が直面している課題を4つの観点から考察し，課題解決には何が必要かを提示する。

1　労働者協同組合をめぐる経営課題と民主的管理の実行

労働者協同組合の経営を考えるにあたり，まず考察しなければならないのが，労働者協同組合における「管理」である。

1-1　民主的管理とは何か

協同組合の組合員（所有者）は，組合員主権として，事業分量配当（利用分量配当あるいは従事分量配当）と出資配当の請求権をもつことに加え，1人1票を基礎に，協同組合を経営し管理するという統制権が与えられる。

また，ICAによる1995年の「協同組合のアイデンティティに関する声明」によれば，協同組合は，共同で所有し（jointly-owned）民主的に管理する（democratically-controlled）事業体（enterprise）であり（MacPherson（1996）p.1，訳書（2000）16頁），民主的な基盤に立って組合員間の管理権限が分配されることが強調される（MacPherson（1996）p.8，訳書（2000）30頁）。

労働者協同組合の組織運営に当てはめれば，組合員は出資によって協同組合を共同で所有し，1人1票という議決権をもつ。これに加えて，その経営においては，組織目標の計画と決定，計画を実行するための組織化と事業内容・業務内容・職務内容の決定（分業と協業の方法，仕事内容，役割や役職，責任の所在など），人事配置の決定，労働条件の決定（給与や賞与，配当の分配方法，人事考課，勤務地，労働時間，福利厚生など），安全性に配慮した職場環境の

整備（健康管理や労働時間管理など）といった意思決定に関して，すべての組合員が平等に参加できる「民主的管理」を実行し，さらに，組合員主権を基礎にすべての組合員が民主的管理に公正に参加できることを担保する「民主的ガバナンス」を実施することになる[6]。一方，不正行為や不祥事を防止するため，内部統制について情報開示を求められる権利や，経営や労働について第三者へ相談できる窓口の設置も必要になる。

　労働者協同組合は，組合員１人ひとりの主体性・自立性・自律性があって，はじめて成立する組織である。このことも踏まえて，本書では，労働者協同組合における民主的管理を，「組合を構成する労働者の生命・幸福を最優先し，組織運営におけるさまざまな意思決定にすべての組合員が平等に参加できるような場を形成し，労働者１人ひとりの主体性と能力が最大限に発揮できるよう指揮・監督・調整すること」と定義する。「民主的管理」の適切な実行は，労働者協同組合における「経営主体形成」（山田（1999）171頁）にもつながる。

1-2　民主的管理の実行にあたって必要なこと

　労働者協同組合には，多様な背景をもつ労働者が組合員として参加することから，組合員の意見や能力は大きく異なることが想定される。そこで，労働者協同組合の民主的管理の実行にあたっては，すべての組合員の意見が尊重される環境で議論を通じた決定を行えること，情報が共有されることによってすべての組合員が組織の状況を把握できるようになること，組合員同士の協同労働によって組織目標を達成すること，それに加えて，労働者の生活にも配慮した上で，その生命・幸福を優先し，心理的な安全性にも配慮した健康な職場づくりを第一に考える管理が重要になる。

　資本主義企業における管理では組織目標の達成が最優先されるが，労働者協同組合で最優先すべきことは，働きやすい職場づくりや人間関係づくり，そして現場が疲弊しないような指揮・監督・調整である。管理には，人的資源管理，経営（運営）管理，プロジェクト管理，戦略的管理，マーケティング管理，財務管理，リスク管理など多岐にわたる種類がある。労働者１人ひとりが所有者

として経営に携わる労働者協同組合においては，「人」が最も重要な構成要素になるため，管理の中で最優先されるべきは，人的資源管理だといえる。組合を構成する労働者の生命と幸福を最優先にして，主体性と能力を最大限に発揮できるような民主的管理が適切に実施されることによって，組合員は労働への意欲を高め，主体性も高め，創造性などを発揮できる可能性が高まる。

　日本の協同組合や非営利組織では「管理」という言葉に馴染みがないことから，この言葉を用いることを嫌厭する者は少なくないが，労働者協同組合においても管理は必要である。資本主義のもとでの分業にもとづく協業では管理労働が必要とされる。そして，その管理労働には，指揮・監督機能と支配・抑圧機能という二面性（管理労働の二重性）がある（有田（1996）199〜200頁）。これに対して，労働者協同組合における管理労働では，協同労働を実現するための指揮・監督機能に関する管理のみが必要になる。

　労働者協同組合は，労働者によって所有されていることから，理論上は，剰余価値を搾取するような支配・抑圧機能は発現しないと考えられる。しかし，労働者協同組合においても，組合員が増加し組織が大規模化することなどによって，いわゆる「官僚制（bureaucracy）」や「経営者支配（management control）」という状態が生まれることを否定できない。したがって，管理がうまく機能しない場合，労働者協同組合は，組合員の労働における構想と実行を分離し，管理労働者が現場労働者からその権利を奪うような「自己搾取の手段（vehicles for self-exploitation）」（Mellor, Hannah and Stirling（1988）p.x, p.71, 訳書（1992）13頁，140頁）になり得てしまうこともある。また，労働者協同組合が市場競争において生き残るため，まるで資本主義企業のように，利益を優先するような管理や経営が行われたり，「やりがい搾取」のような，労働力への対価が支払われない無償労働が蔓延する意味での「自己搾取」に陥ることも否定できない。

　塚本一郎は，労働者協同組合が，理論的には労使関係を公式的に否定した組織であったとしても，資本主義企業に比べて，民主的統制（「一般組合員が組織の意思決定と理事の行動に，実際に意図的な変化をつくりだすこと」と定義

される）が，円滑に機能することを意味するわけではないことに触れている（塚本（1994）32〜33頁）。たとえば，管理労働者と現場労働者との能力の隔たり（competence gap）が大きくなりすぎると，現場労働者が管理労働者に過度に依存するようになり，現場労働者は管理上の問題を理解しなくなり，意思決定に適切に関わっていくための知識や確信をもたなくなるという課題を，イギリスの研究を踏まえて指摘している（塚本（1993）32頁，Cornforth, Thomas, Lewis and Spear（1988）p.152）。管理労働者らがつくった総会（総代会）の原案を承認するという形式的な意思決定（選択活動）において，原案作成等の設計活動や情報活動が管理労働者主導でなされ，現場労働者に対して適切な情報提供が行われなかったり，現場労働者の意思決定能力の向上が十分になされないならば，管理労働者と現場労働者の間には管理と労働の二重構造が生じることも指摘されている（塚本（1993）31頁）。すなわち，現場労働者が組合員主権として1人1票の議決権をもっていたとしても，意思決定の対象となる原案に，現場労働者からの意見が反映されるような機会がもたれなければ，あるいは，実際に，現場労働者の意見が原案に反映されていなければ，すべての組合員が意思決定に平等に参加できるような場が形成されているとはいえない。

　そこで，管理労働者には，現場労働者の意見を総会の原案に反映させること，そして，それ以外にも，さまざまな意思決定の場面において，現場労働者の意見を反映させるような場づくりが求められる。また，管理労働者は，現場労働者に対して，意思決定に適切に関わるために必要な知識を身につける機会を提供した上で，さまざまな情報を共有していく役割と責任がある。さらに，管理労働者には，組合員同士が協同労働によって組織目標を達成するための工夫や，すべての労働者の生活に配慮した上で，労働者の生命と幸福を優先させた健康な職場づくりを心がけた民主的管理を行う役割と責任がある。

　一方，労働者協同組合における民主的管理が，資本主義企業と異なるのは，現場労働者も1人1票の議決権をもつことから，その経営においては，管理労働者と同じく責任を分かち合う存在であるということである。社会が1人ひと

りの意見によって形成されていくのと同じように，本来の労働者協同組合の経営も，全組合員の主体的な参加によって成立する。それは，労働者協同組合における労働者の構想（管理労働）と実行（現場労働）の分離を防ぐという点においても，非常に重要なことである。したがって，現場労働者は，管理労働者にその経営責任を一方的に委ねるのではなく，日頃の経営において課題に思うことを管理労働者に主体的に伝える義務がある。また，現場労働者は，いつでも管理労働者になり得る可能性がある。しかし，管理労働者は上述した役割と責任に加え，労働者協同組合を取り巻くステイクホルダーとのやり取りなどを含めると，現場労働者よりも役割と責任が重くなることから，現場労働者の中には，あえて管理労働者になることを避けようとする者がいるとも推測される。そのため，民主的管理においては，現場労働者が管理労働者に過度に依存することを防ぎ，管理労働者と同じ視点に立って，その経営に対して積極的に発言をしていくことが求められる。

　そもそも民主的管理に携わろうとしない現場労働者に，なぜそのような状況が起こるのかを確認する必要もある。労働者協同組合の民主的管理においては，管理する立場であっても管理される立場であっても，同じく組合員であり労働者であるという点ではすべての人が平等な立場にあり，一部のいわゆる「やる気のある人」のみが管理労働者になることは避けなければならない。たとえば，管理労働者を一定期間務めたら，次の人に受け継いでいくような工夫（技術の蓄積）が必要になる。現場労働者の中には，自分には管理労働は向かない／できないと最初からその役割を避ける人もいるだろう。しかし，それぞれの個性と能力と主体性によって形成されるのが労働者協同組合であり，その発展には，すべての組合員が，経営に関する知識を積極的に身につけることが必要であり，現場労働者がすべての管理を管理労働者に委ねるだけでなく，現場労働者は管理労働者が日々の運営の中でもつ悩みを共有・開放した上で，その悩みや課題を管理労働者と共に解決するという姿勢が求められる。

　労働者協同組合の民主的管理を適切に実行するためには，民主的統制の観点から，「民主的ガバナンス」も重要になる。労働者協同組合においても，会議

運営のもち方や少数意見の尊重について，工夫を重ねて指揮・監督・調整を行ったとしても，管理労働者にのみ情報が偏るような仕組みが作られたり，恣意的な行動や不公正な行動が起きてしまうことは免れない。そのような前提に立って，現場労働者が監視できる仕組み，そして，管理労働者（権限を委譲された者）が現場労働者（権限を委譲した者）に対して，権限を行使した結果について説明責任を果たすことが重要になる。あわせて，現場労働者（権限を委譲した者）の求めに応じて管理労働者（権限を委譲された者）が説明できる機能や場をつくることも必要になるだろう。現場労働者が，情報量や意思決定能力で優位な管理労働者の行動に有効な統制力を行使できない場合，恒常的な統制主体として，労働者協同組合であっても労働組合の設置を検討する必要がでてくる（塚本（1993）34頁）。

「民主的ガバナンス」について，最近の労働者協同組合は，地域との協同を広げる存在として，地域になくてはならないものへと変化してきている中，マルチステイクホルダーの観点から，組合員主権のみにとらわれることなく，地域の人たちの意見を取り入れて反映させるような経営も重要である。また，日本の労働者協同組合の収入源は，行政からの委託事業収入の割合が多いことからも，さまざまなステイクホルダーに対して説明責任を果たすことが求められる。そのような，地域に開かれたガバナンスシステムの構築も求められているといえるだろう[7]。

1-3 民主的管理の実行における労働者教育

山根雅子は，「自主生産」の管理について，労働者が，自身の労働や仕事の自己管理はできたとしても，生産の自主管理ができるとは限らないことから，自己管理ができる主体による「共同管理」が必要だと述べた（山根（1991）210頁）。共同管理は，自主・自律の自己管理と，仲間相互の他律的管理の2つから成る。また，組織を民主的にしようとするあまり，管理は不要だと思い込むことが，内部の人間関係を不自由にさせているという分析から，安直に管理を不要だと判断するのではなく，管理の質を問うていく必要があるとも述べて

いる。また，山根は，生産の自主管理は，労働者が組織内における不満や要求すべてを自分たちで引き受けることであり，不満があれば原因を追究して改善し，要求は人のせいにするのでなく自分自身に向けることについても言及している（山根（1991）218頁）。この点は，労働者協同組合の管理においても参考になる。労働者協同組合でも，労働者がお互いに欲求や不満を自主的に出し合い，他人の言い分を自発的に聞いて，お互いに他人の個性や能力をよく理解し合い，お互いに力を出し合い（協同），お互いに自分を包み隠さず（開放），それぞれができる行動を創意的に共同で行う（黒川（1993）47～48頁）といった調整機能が重要になる。そして，これを実現させるためには，民主主義を徹底させる討論・協議・学習が必要になる（黒川（1993）91頁）。

ピエール＝ジョゼフ・プルードン（Pierre-Joseph Proudhon）が追求した，権威の原理から社会を解放すること（阪上（2023）240頁）に関連して，プルードンが構想した労働者アソシアシオン（労働者協同組合）の特徴の１つが，組織の財産をその事業に参加するすべての人の共通で不可分な財産に変えることであり，そこで働くすべての人がその地位や年齢に関係なく，この共同の財産に対して共同の権利を獲得し，利潤の分配とすべての決定に直接的に参画するという「集団的所有」であった（阪上（2023）254～255頁）。集団的所有は，労働者による管理がなければ，少数の管理労働者にあらゆる権限を集中させることになり，必然的に権威主義的支配を生み出すことになる。そのため，集団的所有が内包する権威主義的傾向を，労働者の管理によって均衡させること，その傾向を修正することが不可欠であると述べた。その上で，プルードンは「労働者教育」の重要性を説いた（阪上（2023）255～256頁）。労働者教育は，教養主義的な意味での教育ではなく，教育が労働に即したものになると同時に，労働が教育的なものになることが重要であるという観点から，すべての労働者が，分業によって細分化された部分的な仕事に固定されることがないよう，労働者の知的・技術的成熟のための体系として，あらゆる仕事を順次遂行していく方法が構想され，管理する者と管理される者の対立を克服されることが考えられた（阪上（2023）256～257頁）。

さらに，プルードンは，19世紀半ばに，成功している労働アソシアシオン（労働者協同組合）の実態と定款を調査した上で，9項目を重視した。その1つが「組合員の教育」であった（阪上（2023）201〜202頁）。労働者に多技能的教育を与えることによって，分業の負の機能が克服できる可能性に注目した。

　この点に関連して，モンドラゴン協同組合の取り組みをみておきたい。モンドラゴン協同組合は，スペイン北部のバスク州に基盤を置く労働者協同組合の集合体で，組合員によって組織された81の協同組合，7万人の従業員から構成されるほか，37カ国に104の生産工場をもつ[8]。現在の主な事業領域は，金融，工業，小売，ナレッジを活かした事業である。金融事業による新規事業の設立サポートだけでなく，研究開発に関して9つの研究機関と5つの技術センターをもつ（たとえば，ikerlan）。技術力を事業化に結びつけるプロセスでは，モンドラゴン大学や起業支援組織（たとえば，Saiolan）が労働者協同組合の設立支援を担っている（宮本（2023）90〜91頁）。モンドラゴン大学は，博士号まで取得可能な教育組織をもつという点に特徴がある[9]。また，働きながら学べる「デュアル・トレーニング」も採用されている。モンドラゴン大学に在学中，大学と提携契約を結んでいる500社以上の企業で，実際のビジネスについて学ぶことができる仕組みになっている[10]。

　日本の労働者協同組合の学習・教育に関して，ワーカーズコープでは，協同総合研究所が，機関誌『協同の發見』を通じて各事業所の「よい仕事」を発信し，「労協新聞」が，月に3回，各自治体における協同の事例を含めたワーカーズコープの最新情報を発信している。労協連の加盟団体は，「労協新聞」を購読することで，各地の協同事例を学習する機会が得られる。永戸祐三は，1980年代から，センター事業団の運営に関して，組合員が組織運営について自覚性・自発性をもち，あらゆるレベルでの自主管理を実体化するためには，学習・教育の重視と経営状態の公開が重要であることに言及している（永戸（1987）176頁）。ワーカーズ・コレクティブでも，生活クラブ運動を踏まえた理念の継承が重視され，随時，研修の機会が準備されている。このような学習・教育の機会が，地域にも開かれることは，今後新しく労働者協同組合を設

立しようとする人たちにとっても，重要になるだろう。

　教育は，一方的に教えられるものだと思われがちだが，本来の教育は，知識を獲得しながら，人との対話の中で自分の意見を発展させていくことであり，一方的な学びでも独学でもなく，他人と話すことで自分の位置づけを知ることである。この点を欠くことのない労働者教育が必要になる。そして，単なる労働者教育ではなく，労働者が「生きていく」ための総合的能力の開発という視点が欠かせない。

1-4　民主的管理と対話できる環境の整備

　労働者教育においては，会計の知識，資金調達の知識，専門的・技術的な知識・技能だけでなく，よりよい対話を実践する知識も必要になる。

　労働者協同組合に限ったことではないが，運動論的発想のもとでは，最初に大きな目標が掲げられ，それに向けた目的志向的な対話が行われ，場合によっては，そのような対話の方法がトップダウンで個々の労働者に求められることもある。しかし，個性と個性がぶつかり合う均質でない労働の場においては，目的志向的なスローガンを叫ぶ論争ではなく，職場における個人的な悩みや葛藤を対話の中で共有するという，対話によるコミュニケーションが必要とされる（前田（2010）257頁）。労働者同士が互いの異質性や個性を認めた上で能力を醸成していくことが重要であり，最初から職場の目標を統一的に掲げることは，労働者自身の尊厳と自己決定を妨げることになり得る（前田（2010）257頁）。

　そこで，労働者協同組合では，話し合いの場や意思決定の場としての「会議」をどのように行うかが重要になる。会議を分析する研究も増えていることから（伊藤（2023）や田井（2024）など），今後は，労働者協同組合の会議を研究することも，民主的な経営・運営を考える上では欠かせない。

　先行研究によれば，会議を成功させることは，労働者協同組合の民主主義が健全であるための基本である（Mellor, Hannah and Stirling（1988）p.117，訳書（1992）223頁）。会議は，意見や不満を出し合い，協力して計画を作る場で

ある。会議を成功させるためには，会議の必要性が組合員によって理解され，できる限り勤務時間内に十分な時間が割り当てられることが必要である。そして，どんな意思表示も認められるべきであり，抑圧されてはならないという点が最も重要になる（Mellor, Hannah and Stirling (1988) p.115, p.117, 訳書 (1992) 220, 223頁)。

　現実の労働者協同組合では，意思決定において自由に意見を述べられる可能性が提供されるため，議論や異議申し立てがより活発になるかもしれないが，会議への参加者たちすべてが会議に慣れているわけではなく，次のような問題が発生することが指摘されている（Mellor, Hannah and Stirling (1988) pp.115-116, 訳書 (1992) 220頁)。1つ目は，建設的批判に慣れていなかったり経験が不足していること，2つ目は，会議を運営すること自体が未経験であり，参加しようとする気持ち自体が欠けていること，3つ目は，会議に諸派閥が現れるということである。

　したがって，労働者協同組合における調整機能としての管理には，組合員同士が異質であり個性あるがゆえに生じる働く場における葛藤を，1つひとつ小さな対話の中で調整していくというコミュニケーションが重要になる。そこで，具体的に，組合員同士が主体的に話し合える場や環境づくりとして，日本においても近年発達してきている「ファシリテーター」を日常的な会議に導入するなど，組織におけるファシリテーション機能を充実させていくことを提案したい。

　ファシリテーションとは，「集団による知的相互作用を促進する働き」と定義され，集団による問題解決，アイディア創造，合意形成，教育・学習，変革，自己表現など，あらゆる知的創造活動を支援し，促進していく働きとされる（堀 (2018) 23頁)。また，その役割を担う人がファシリテーターであり，プラスの相互作用を高め，マイナスの相互作用を抑え込む働きをする（堀 (2018) 24頁)。ファシリテーションには3つの効果がある（堀 (2018) 32〜38頁)。第1に，参加メンバーの相乗効果を発揮させ高い成果を生み出せることである。1人ひとりがもつ知識や経験には限りがあることから，多様な考えをもった

人々が自由に安心してコンテンツを出せる場をつくることが重要になるが，ファシリテーションを活用すれば，少数意見や型破りな考えが，多数派の圧力に押し潰されない場をつくり出せる可能性が高まる。第2に，参加メンバーの活動への納得感を高めることにより，メンバーの自律性を育み，人と組織を活性化させられることである。ファシリテーションを活用して，メンバーが十分に意思決定プロセスに参加することができれば，組織運営への当事者意識を高め，課題に対する決意とやる気を高められる可能性がある。第3に，成果に達するまでの時間が短縮できることである。労働者協同組合のファシリテーション機能において特に重要になるのは，声を発することのできない，あるいは苦手な労働者が，安心して声を発することのできる場を形成することである。少数意見が多数派の意見に押し潰されることなく，安心して組織の意思決定プロセスに参加し，自律性や主体性を育むことが重要になるだろう。その上で，労働者がそれぞれに大切にしている理念や考え方を他の労働者全員と共有すること，そして，地域住民や関係団体と共に学び考える機会をつくることが重要になる。時には，労働者協同組合が設立されている地域の企業や地方自治体とも対等な立場で交渉できる場を形成し，対等に対話をする方法を身につけることも重要である。

2　組織規模をめぐる課題に対するネットワーク形成と経済圏づくり

2-1　労働者協同組合の組織規模をめぐる論点

　労働者協同組合の組織規模については，先行研究でもさまざまな議論がなされてきた。

　たとえば，カール・マルクスは，協同労働（cooperative labor）は，それが個々の労働者の時おりの努力という狭い範囲にとどまるならば，独占の成長を抑えることも労働者の貧困の負担を軽減することもできないため，労働者を救

うためには，協同労働を全国的規模で発展させる必要があると述べた（大内・細川監訳（1966）10頁）。

　マルクスが，運動体としての協同組合の規模の発展に言及したのに対して，ピエール＝ジョゼフ・プルードンは，19世紀半に，労働アソシアシオン（労働者協同組合）に関する組織規模の問題について言及した。一般的に，管理の集中がアソシアシオン（労働者協同組合）における費用の低減をもたらすと考えられていたのに対して，プルードンは，可能な限り小さく相互に独立した諸グループへアソシアシオン（労働者協同組合）を分割することが自由の原理であり，節約にもつながると考えた（阪上（2023）202頁）。プルードンは，自由で独立した個人は，何らかの職能を身につけた職業人のことを指し，彼らの職能的活動に基づき，労働の交換を通じて実現される結合関係が社会的連帯であると捉えた（阪上（2023）211頁）。そして，作業場は単に物質的生産の場であるだけでなく，諸個人の自由にもとづく連帯が生み出され強化されるべき場だと捉えられた。そこで，作業場の構成員が自由かつ独立し，その運営・管理に直接参加すること，双務的契約と労働の等価交換を通じて自発的な結合関係がつくり出されることが重要であり，そのためには作業場の規模があまり大きくないことが必要だと考えられた（阪上（2023）211頁）。

　レイドローも協同組合の組織規模について言及した。協同組合の組織づくりには2つの選択肢があり，1つはより大きくしっかり組織され事業として確立された協同組合，もう1つはかなりゆるやかな非公式ネットワークをもち資本主義の手法を無視して社会的・地域的な目標を達成することを目的とする相対的に小さな協同組合で，両者を選択するのは容易ではないと述べた（Laidlaw（1980）p.38，訳書（1989）101頁）。レイドローの指摘は，日本の協同組合全般にもいえることだが，日本の労働者協同組合の事例でいえば，大きく組織され事業として確立された労働者協同組合はワーカーズコープ，社会的・地域的な目標を達成することを目的とする相対的に小さな労働者協同組合はワーカーズ・コレクティブと位置づけられるだろう。

　労働者協同組合がその役割を果たすためには，労働者協同組合を全国的規模

で発展させるような経営（事業性）や運動（運動性）が必要であるが，労働者協同組合の組織特性である労働者の主体性を担保する観点からみれば，労働者同士が対話しやすい比較的小さな組織規模であることも重要になる。これに関して，レイドローは，多くの労働者協同組合は相対的に小規模にとどまっている場合に最もよく機能すると述べた（Laidlaw（1980）p.35，訳書（1989）92頁）。

　しかし，市場経済と同じ土俵で労働者協同組合が事業を続けるには，事業が存続できるようにある程度の利益を生み出すか，逆に費用を低減させるための工夫が必要になる。そのため，たとえ民主的運営を担保するために小さな事業規模が必要であっても，労働者協同組合が何らかの方法で規模の利益を追求していかなければ，労働者の生活・暮らしが保障されないケースも少なくない。そこで，どのようなマネジメントを行うか，あるいはネットワーク組織（連合組織）を作るかが重要になる。

2-2　大規模な労働者協同組合の課題と相互・水平的なネットワーク形成

　ワーカーズコープの1つであるセンター事業団では，約1万人が働き，社会運動・労働運動が推進されているが，その規模で民主的な経営を実現するのが難しいことは，容易に想像できる。

　この点に関して，角瀬保雄は，労働者協同組合においても組織の大規模化に伴い，管理労働と現場労働との分離によって管理集中制が生まれることから，管理・統制の問題が重要になると論じた（角瀬（2002）131頁）。さらに，20年前のセンター事業団[11]に関して，（各事業所レベルの）日常的な経営参加において，中央から派遣されてくる事務所長にお任せという実態があり，自分たちの中から事務所長を選ぶような時には一体感が形成されるが，そうでない場合は自ら参加しているという意識は薄く，全国的な経営問題への参加にはさらに大きな距離があることを分析し，組合員が所有・経営・労働の三位一体を体現するものになりえていないという現実に，問題点を見出した（角瀬（2002）

136頁）。

　ここでの課題は２つある。１つは，20年間，この問題点を継続的に調べた研究がないことから，実際，どの程度改善されたかわからないということである。ただ，少しずつ変化は起きている。労働者の日常的な経営参加について，労働者協同組合の組織特性である，労働者の主体性を引き出す民主的な経営を意識してきた事例として，センター事業団東京南部事業本部の事業所の１つである「みなと子育て応援プラザPokke」（以下，Pokkeとする）を取り上げる（小林・岩城（2023））。Pokkeでは，次期副施設長がアンケートによって選ばれることをはじめ，労働者の意見を丁寧に聞くという民主的な運営が意識され，労働者同士の一体感が形成されてきた。Pokkeの50人の労働者は，保育・ひろば（事業）・キッチン・事務（受付）の４部門（部署）のいずれかに所属し，部門を横断する形で形成された14の係会議の複数にも所属する。さらに，部門や係間の横の連携を強化するため，11人のメンバーから成るリーダー会議が設置され，困り事に直面した場合，部門会議，係会議，リーダー会議，あるいは，施設長と副施設長２名が属する職責会議に相談できる仕組みになっている。労働者から出てきた困り事は，どのような内容であっても，まずは「理解を示す」という取り組みが行われ，リーダー会議と職責会議で共有される意見は，それが誰からの発言であったかについて一切他言しない仕組みがとられている。そのため，労働者からは悩み，不満，相談，提案，報告など，さまざまな意見が出てくる。部門やそれを横断する会議が複数形成され，すべての労働者が積極的に事業に関わることのできる仕組みをもつPokkeの事例は，本書の第５章で紹介するアメリカの労働者協同組合の先進事例の１つであるレインボー・グローサリー（Rainbow Grocery）のガバナンスの仕組みにかなり近い（松本（2021）41～42頁も併せて参照）。

　もう１つ，民主的な経営を意識してきた事例として，センター事業団・山陰山陽事業本部の事業所の１つである三原事業所を取り上げる（鈴木（2024））。三原事業所は，三原市委託の放課後児童クラブを12カ所で運営している。以前の組織運営では，組合員が組織への理解を深める機会が少なく，組織の方針は

第4章　日本の労働者協同組合の課題とその解決に向けて　*125*

所長や事業本部の一部の組合員によって決定され，仕事づくりは組合員にとって「やらされ感」が強かった。その後，2017年に交代した新所長（事業本部長兼務）が，組織運営について組合員と一緒に考える姿勢を貫き，組合員が主体性をもつ転機が作られた。さらに，2021年に交代した新所長（事業本部事務局長兼務）は，事業計画書づくりにおいて「全組合員経営」を意識し，組合員にアンケート，ヒアリング，レポート提出を実施している。具体的には，事業所の魅力，よい仕事，事業所における課題，組合員自身の課題などについて，要所要所で全組合員にアンケートやヒアリングで意見を聴く。また，組合員が全国よい仕事研究交流集会に提出した「よい仕事」に関するレポート内容から，組合が継続して広げるべき「よい仕事」，および，組合が取り組むべき課題を抽出し，肯定的な意見も否定的な意見も組合員からの大事な提案と捉え，事業計画書に落とし込む作業が実施される。意見の中でも，対応に時間がかかるものと実現が難しいと考えられるものは，組合員にフィードバックを行い，必要があれば話し合いをして，思いを一致させるようにしている。

　以上のように，センター事業団では，労働者の日常的な参加をめぐり，各事業所においてさまざまな工夫が行われてきた。ただ，民主的な運営を意識する事例が増えたとしても，第2章の**図表2-20**のように，各事業所の上にはそれを取りまとめる事業本部が存在し，さらに，その上にはそれを取りまとめる理事会や本部が存在する。センター事業団は，大きな労働者協同組合として経営・運営されることによって，バックオフィス業務を効率化させるなど，経営上一定の効果を生み出す利点もあるが，1万人の労働者1人ひとりの意見を理事会や本部まで伝えられるかというと，その判断は難しい。今後は，各事業所における民主的運営の実践を分析することに加え，大きな労働者協同組合における組織全体の運営の工夫や課題を明らかにすることが，その発展には必要である。

　もう1つの課題は，1万人という労働者に対して，管理労働を担う全国事務局員の肉体的負担・精神的負担が大きいということである。たとえば，1999年に実施された，センター事業団の全国事務局員に対する調査報告書の中で，朝

井志歩は，センター事業団の運営課題を5つにまとめている（朝井（1999）63頁）。労働者協同組合では事務局員の悩みをケアする体制ができていないこと，労働条件を改善する要求を出し，話し合っていく体制ができていないこと，仕事づくりへの専門家の派遣といったサポート制度の実現や経営教育ができていないこと，人を評価する基準が曖昧になっていること，そして，地域と関わる仕事を目指しながら全国事務局員の転勤が多いという5項目である。

　調査から25年が経ち，現場ではいくつか改善された部分もあったようだが，5つ目の転勤については，全国事務局員が全国の事業所に社会運動・労働運動を広げ，地域コミュニティのニーズに合わせた新たな労働者協同組合の立ち上げを促進するために定期的に異動することはいまも変わらず続いている。地域の課題を解決しようとした矢先に，次の事業本部に異動することも珍しくないため，地域の課題をじっくり考えることができないまま，不完全燃焼を起こすケースもあるだろう。

　異動については，全国事務局員の負担も大きいが，全国事務局員が定期的に変わってしまうことにより，各地域の事業所が，その都度，その地域の現状を全国事務局員と共有していかなければならないことによる負担も大きい。このような負担を解決する意味でも，大規模化したセンター事業団がそれぞれの地域コミュニティに根付くことのできるような，抜本的な組織改革が必要になってきている。

　NPOやワーカーズ・コレクティブでは，直接民主主義を意識して，組織規模自体を大きくしすぎない組織運営が行われているケースもある。たとえば，「老舗NPO」（宮垣（2024）4頁）とも評されるコミュニティ・サポートセンター神戸（CS神戸）[12]では，理事長の目の届く範囲が，事業規模でいうと1億円であるという認識から，それ以上の事業収入を得るような事業拡大をしないよう，制限されている[13]。また，ワーカーズ・コレクティブでは，直接民主主義を貫くため，それを実現可能なガバナンス構造を作ったり（図表2-19），組合員の人数をそれが可能な範囲に抑えたり，組合員数が増える場合にはもう1つ別のワーカーズ・コレクティブを作るなど，運営上の工夫が行われてきた。

第4章　日本の労働者協同組合の課題とその解決に向けて　*127*

　このような方法をとることが難しい場合，中央制御を行う機構を置かず，各労働者協同組合が，相互・水平的に連合しあうネットワーク（連合組織）づくりを検討する余地はあるだろう。カール・マルクスは，自由で平等な生産者たちが主体となり，大小さまざまな複数の諸アソシエーションを構成し，それらも互いにアソシエイトして計画・実行・点検・修正などのフィードバックをし合いながら，社会的生産を共同的で合理的な計画のもとに置く一社会をアソシエーションと捉えた（宮田（2023）289頁）。この点を踏まえて，たとえば，センター事業団の各事業本部レベルで組織分割を行い，各事業本部により強い権限をもたせた上で，各事業本部同士が横につながる（アソシエイトする）ネットワーク（連合組織）を形成することも考えられるだろう。このような研究も，今後ますます必要である。

2-3　小規模な労働者協同組合の課題と経済圏づくり

　一方，ワーカーズ・コレクティブは，一法人あたりの平均労働者が20人程度であり，レイドローがいう相対的に小さな協同組合にあたると考えられ，その発展性について，疑問符が付きやすい。しかし，1980年代に生活クラブ運動から生まれ，「活動主婦層」が子育てや高齢者介護などのケアを行う地域コミュニティを基盤に，生活圏の中で働く場を創出し，事業運営を通じて主体性・自発性を発揮し，自分たちの身の回りにあるさまざまな課題に対して生活者運動，市民運動，協同組合運動を展開してきた点で，ワーカーズ・コレクティブの社会的意義は小さくない。

　また，ワーカーズ・コレクティブは，一法人あたりの労働者が少ない分，大きな労働者協同組合と比較して，意思決定は容易になるだろう。加えて，ワーカーズ・コレクティブでは，生活クラブ生協の経営・運営と同じく，組織の役員を短期間にローテーションさせていくことが意識されてきた。労働者全員がワーカーズ・コレクティブの経営に責任をもつことの表れともいえる。さらに，ワーカーズ・コレクティブの役員，各都道府県の連合組織の役員，全国組織であるWNJの役員に選出されたとしても，所属するワーカーズ・コレクティブ

での現場労働は継続される。すなわち，ブレイヴァマンのいう「構想と実行の分離」（Braverman（1974）pp.113-114，訳書（1978）128頁）を防ぐような経営・運営が行われてきたといえる。

　そして，労協法の成立過程においては，労働者協同組合の本来の役割（現代的意義・組織特性）を重視し，雇用／被雇用関係が発生する労働契約の締結に慎重な姿勢をみせてきた[14]。この慎重な姿勢は，ワーカーズ・コレクティブが労働者とは何か，そして，労働者協同組合の本質とは何かを真摯に検討してきた結果といえるだろう。神奈川ワーカーズ・コレクティブ連合会の理事長[15]である木村満里子が，ワーカーズ・コレクティブも含めて，地域に多様な自主組織をつくり「自治する人たち」を増やすことの重要性と，組織運営における「自主運営」「自主管理」を通じて，いまの資本主義制度に自分たちの働き方を合わせるのではなく，自分たちなりの組織をつくることの面白さを語っている点にも（木村・井上（2023）22頁），その考え方は反映されていると捉えられる。

　このような経営・運営方法に魅力を感じ，あえてワーカーズ・コレクティブとして労働者協同組合を設立する事例も散見される。たとえば，2021年に設立され，東京ワーカーズ・コレクティブ協同組合に所属し，出版を主な事業とする「アソシエーションだるま舎」は，話し合える単位を10人以上にしないということを明言し[16]，あえて，小さな協同組合の集合体であるワーカーズ・コレクティブへの所属を選択した。

　ただ，第2章でも確認したように，ワーカーズ・コレクティブは，もともと生活クラブ運動を基礎に，主婦たちが主体になって設立されたという特殊性も影響し，所得税や扶養控除の関係で，年収を103万円未満あるいは130万円未満に抑えようとする労働者は少なくない。そのため，ワーカーズ・コレクティブにおいて，より多くの収入を稼ぎたい労働者，すなわち，家族への経済的依存を少しでも小さくして，経済的に自立することを目指す労働者の中には，年収を100万円前後に抑えようとする働き方に満足できない人もいる。年収に対する労働者の考え方の違い，さらにいえば，運動体であることと事業体であるこ

との比重のかけ方に関して，一部のワーカーズ・コレクティブでは，労働者同士の対立も生まれてきた（三枝（2003）95〜96頁）。また，年収をできる限り多く稼ぎたい人から，年収100万円程度のワーカーズ・コレクティブは選択されなくなったことも課題としてあげられる。組合員の高齢化にどのように対応していくかも問われている。さらに，ワーカーズ・コレクティブは，各組織の事業規模（事業高）が小さいことから，特に営利組織と競合するような事業分野では，その発展に困難が伴うという課題もある。

　ただし，生活クラブ運動全体を俯瞰的に捉え，「オルタナティブ経済圏」における事業主体としてワーカーズ・コレクティブを位置づける場合，その規模は飛躍的に大きくなるという側面もある。神奈川県のワーカーズ・コレクティブや福祉クラブ生協では，長年にわたり，「賃労働」が「当たり前」とされない「資源循環型のローカル経済」や「連帯経済」や「非市場経済圏」（佐藤（1996）29頁）のような「オルタナティブ経済圏」が構想されてきた。そこに住む人たちの生活や相互扶助を基盤に，社会的有用物を生産し，それを生み出す労働としての「コミュニティワーク」を基盤にした経済である。「コミュニティワーク」は，特に神奈川県のワーカーズ・コレクティブや福祉クラブ生協を中心に使用されている言葉で，地域社会でのたすけあいの活動を基盤にした労働であり，アンペイド・ワークを顕在化させ，個人のもっている能力，知恵，時間，お金といったさまざまな資源を生かし合うことで，地域のために必要なサービスを生み，労働者が自主的に仕事をコントロールして，その対価である「コミュニティ価格」を決めることで，市場によって決定される価格や公的な仕事によって決定される価格を牽制する力になると説明される[17]。「生活」の視点がより重視されるようになった現代の日本社会において，ワーカーズ・コレクティブを市場経済の価値のみで判断するのではなく，「オルタナティブ経済圏」という取り組みから正当に評価することも，労働者協同組合運動を広げていく上では大切なことである。

3　労働者協同組合法をめぐる課題

　2020年12月4日，40年以上にわたり法制化運動が進められてきた労協法が，超党派の議員立法として成立し，2022年10月1日に施行された。成立直後に出版された『時の法令』では，労協法がNPO法と並んで今後の日本の市民社会にとって極めて重大な意義を有する法律であると評されたように（衆議院法制局第五部一課（2021）4頁），労協法の成立は，日本の市民社会に大きな影響を与えるものでありながら，日本の各種協同組合を含む協同組合セクターにとっても，運動体的側面を一歩前進させたものといわれている。これは，40年以上にわたり法制化運動に携わってきたワーカーズコープとワーカーズ・コレクティブをはじめとする労働者協同組合の関係者による努力の成果といえる。

　これまで，非営利目的で，出資もできる労働者協同組合を規定する法律がなかったため，ワーカーズコープとワーカーズ・コレクティブでは，NPO法人，一般社団法人，株式会社，合同会社，そして，中小企業等協同組合法によって規定される企業組合などの法的組織形態をとってきた（**図表4-1参照**）。あるいは，任意団体（権利能力なき社団）という形態も採用されてきた。しかし，それぞれの法律に不都合な点があり，日本の労働者協同組合は日々の事業運営に取り組みながら，同時に法制化を目指してきたという背景がある。

3-1　労働者協同組合法の成立経緯

　労協法が成立した経緯については，衆議院法制局第五部一課（2021），日本労働者協同組合連合会編（2022），石澤（2022）などにおいて詳述されている。本書では，主に，衆議院法制局第五部一課（2021）に沿って，2008年以降の経緯について簡単に取り上げるのみにとどめる。

　2008年2月に「協同労働法制化市民会議」からの要請もあり，超党派の国会議員による「協同出資・協同経営で働く協同組合法を考える議員連盟」が設立された。この議員連盟は，厚生労働大臣時代から法制化に意欲を示していた公

明党の坂口力議員が会長，民主党の仙石由人議員が会長代行，自民党の長勢甚遠議員が幹事長に就任し，197名の国会議員が参加する大規模なものであった。2009年6月には議員連盟に法案が示されたが，日本労働弁護団からこの法案に対して「労働基準法以外の労働諸法令の適用を認めたものとは考えられない」との懸念が指摘され[18]，2009年9月の政権交代の影響もあって，成案には至らなかった。

　その後，2016年1月に，坂口力・元議員から法制化を託された公明党の桝屋敬悟議員の意向で，公明党の一億総活躍推進本部の下に「地域で活動する場づくりのための新たな法人制度検討小委員会」が設置された。桝屋議員は，委員長として労働者協同組合の取り組みについてヒアリングを行い，法制化への想いを強くし，自民党に働きかけた。そして，2017年3月，与党政策責任者会議の下に「与党協同労働の法制化に関するワーキングチーム」（以下，与党ワーキングチーム）が設置され，自民党の田村憲久議員が座長，桝屋議員が座長代理に就任した。与党ワーキングチームは，労協連やWNJとの意見交換を行いながら法制化作業を行い，最大の懸案事項であった労働者の保護について，田村座長から，組合と組合員との間で労働契約を締結する方向性が打ち出された。この点に関して，法制局は，労働者協同組合の「経営」を，「共益権の行使を通じての経営への参画（＝意見反映）」と捉え直すことで，労働者としての実態を有する組合員については労働法が適用されることとした（日本労働者協同組合連合会編（2022）43頁）。

　与党ワーキングチームでまとめられた条文案は，与党政策責任者会議において了承され，2020年3月には超党派議連総会において報告され，各党が党内手続きを進めることが確認され，6月12日に，全会派共同で衆議院に提出された。11月20日に，衆議院厚生労働委員会において全会一致で可決，11月24日に衆議院本会議においても全会一致で可決，12月3日に厚生労働委員会において全会一致で可決，12月4日に参議院本会議においても全会一致で可決し，労協法が成立した。

3-2　労働者協同組合法の概要

　労協法は，本則137条からなる組織法であり，2022年10月１日に施行された。

◆　労働者協同組合法人の目的と基本原理

　労協法は，「各人が生活との調和を保ちつつその意欲及び能力に応じて就労する機会が必ずしも十分に確保されていない現状等を踏まえ，組合員が出資し，それぞれの意見を反映して組合の事業が行われ，及び組合員自らが事業に従事することを基本原理とする組織に関し，設立，管理その他必要な事項を定めること等により，多様な就労の機会を創出することを促進するとともに，当該組織を通じて地域における多様な需要に応じた事業が行われることを促進し，もって持続可能で活力ある地域社会の実現に資すること」（１条）を立法目的としている。

　すなわち，労協法によって設立される労働者協同組合法人（以下，労協法人）は，「生活との調和を保ちつつその意欲及び能力に応じて就労する機会が必ずしも十分に確保されていない現状」を分析した上で，「多様な就労の機会を創出」することと「地域における多様な需要に応じた事業」を実施することで，最終的に「持続可能で活力ある地域社会」の実現を目的とすることになる。従来の協同組合法の多くが，組合員の相互扶助，すなわち「共益」を主たる目的としてきたのに対して，労協法は，持続可能で活力ある地域社会の実現という「公益」を，明確な目的として打ち出した点に特徴がある。

　労協法は，組合員による出資（出資原則・３条１項１号「組合員が出資すること」），組合員の意見を反映した事業の運営（意見反映原則・３条１項２号「その事業を行うに当たり組合員の意見が適切に反映されること」），組合員自らその事業に従事（従事原則・３条１項３号「組合員が組合の行う事業に従事すること」）という３つの原則を基本原理と位置づけている。

第4章　日本の労働者協同組合の課題とその解決に向けて　*133*

◆　労働者協同組合法人の特徴

　労協法人は，図表4-1のように，非営利性（3条3項「組合は，営利を目的としてその事業を行ってはならない」）をもちながら，出資できる点（3条1項1号「組合員が出資すること」，9条1項「組合員は，出資一口以上を有しなければならない」）がNPO法人や一般社団法人とは異なる。さらに，設立発起人は3人のみで（22条「組合を設立するには，その組合員になろうとする三人以上の者が発起人となることを要する」），準則主義で簡単に設立できる（26条「組合は，主たる事務所の所在地において設立の登記をすることによって成立する」）上に[19]，労働者派遣事業以外のすべての事業が可能（7条2項「組合は，…労働者派遣事業その他の組合がその目的に照らして行うことが適当でないものとして政令で定める事業を行うことができない）など，仲間を集めて好きな事業を立ち上げられる利点がある。そのため，非営利でありながら出資ができることや，仲間と共に対等な関係を築きながら，準則主義によって比較的簡単に事業を立ち上げられるというその機能面に魅力を感じて，これまでには存在しなかった業種の労協法人も設立されはじめている。

　一方，労協法では，組合と組合員との間に労働契約の締結義務が発生する（3条2項2号「組合員との間で労働契約を締結すること」，20条1項「組合は，その行う事業に従事する組合員…との間で，労働契約を締結しなければならない」）。労協法人は，ブラック企業に悪用されてチープレイバーを生んでしまうおそれやディーセントワークの実現を踏まえて，事業に従事する組合員との間で労働契約を締結しなければならない（衆議院法制局第五部一課（2021）15頁）。従事組合員は，組合と労働契約を締結することによって雇用労働者になり，労働基準法，労働契約法，最低賃金法などの労働法制の適用（保護）を受け，社会保険（健康保険，厚生年金保険，介護保険，雇用保険，労災保険）に加入することができる（高瀬（2022）44頁）。

　労協法では，1人1票の議決権が保障される（11条1項「組合員は，各一個の議決権及び役員又は総代の選挙権を有する」）。

　組合員は労働者でもあるというその性格から，総組合員の5分の4以上が事

図表4-1　各法人の特徴

	労働者協同組合	NPO法人（特定非営利活動法人）	一般社団法人	企業組合	合同会社	株式会社	任意団体（権利能力なき社団）（民法上の組合を除く）
根拠法	労働者協同組合法	特定非営利活動促進法	一般社団法人及び一般財団法人に関する法律	中小企業等協同組合法	会社法	会社法	ー（定めなし、民訴29条参照）
目的や事業（事業内容）	・持続可能で活力のある地域社会の実現に資する事業（1条・3条1項柱書き）・労働者派遣事業を除くあらゆる事業（7条2項）	・特定非営利活動（20項目のうち不特定多数の者の利益の増進に寄与すること）を行うこと（1条・2条）。・その他の事業を併せて行うことも可（5条1項）	制限なし	商業、工業、鉱業、運送業、サービス業その他の事業（9条の10）	制限なし	制限なし	制限なし
目的の非営利性	非営利（3条3項）	非営利（2条1項～4項）	非営利（11条2項参照）	非営利（5条2項）。ただし営利に近い。	営利（621条1項・622条・666条）	営利（105条1項1号・2号・2項・454条1項・3項）	ー（定めなし）
公益/共益/私益	共益（3条4項。ただし、1条・3条1項柱書きから公益性も高い）	公益（2条1項～4項）	・非営利型法人（法税2条9号の2イ：非営利徹底型）に該当するものは公益・非営利型法人（法税2条9号の2ロ：共益目的的型）は共益	共益（5条2項）	私益（621条1項・622条・666条）	私益（105条1項1号・2号・2項・454条1項・3項）	ー（定めなし）
委託や補助金の受けやすさ	どちらともいえない ※自治体などの方針による	受けやすい	非営利型法人の場合、受けやすい	どちらともいえない ※自治体などの方針による	どちらともいえない ※自治体などの方針による	どちらともいえない ※自治体などの方針による	受けにくい
最低必要構成人数	3人（22条）	10人（12条1項4号）	2人（10条1項の「共同して」が根拠）	4人（24条1項）	1人（590条2項・641条4号参照）	1人（471条・641条4号参照）	1人（定めなし）

議決権	1組合員1票（11条1項）	1社員1票（14条の7の1項）	1社員1票。ただし定款で別段の定め可（48条1項）	1組合員1票（11条1項）	1社員1票（590条2項・591条1項）。※社員総会は置かず、原則として各社員の過半数で業務を決定	1株1票（308条1項）※公開会社でない株式会社では定款の定めにより、1株主1票とすることも可能（109条2項）	1人1票を規約・会則に記載することは可能（定めなし）
労働者の地位	労働者＝組合員（組合と労働契約（3条1項・20条1項・加入契約（12条）を締結）※総組合員の5分の4以上の組合員は組合の行う事業に従事し、かつ、組合の行う事業に従事する者の4分の3以上は、組合員でなければならない（8条1項・2項）	従業員（職員など）として雇用可能（労働契約を締結）	従業員（職員など）として雇用可能（労働契約を締結）	従業員（職員など）として雇用可能（組合の役員以外の組合員は組合と労働契約を締結することが可能）※総組合員の2分の1以上の組合員は企業組合の行う事業に従事し、かつ、従事する組合員の3分の1以上は、組合員でなければならない（9条の11の1項・2項）	従業員として雇用（労働契約を締結）	従業員として雇用（労働契約を締結）	ー（定めなし）
設立主義	準則主義（26条）	認証主義（10条）	準則主義（22条参照）	認可主義（27条の2第1項）	準則主義（579条参照）	準則主義（49条参照）	自由設立主義
所轄庁	都道府県（132条）※連合会については厚生労働省（132条）	都道府県（9条）	ー	事業内容によって異なる（111条1項5号）	ー	ー	ー
設立費用（定款認証手数料＋登録免許税）	0円	0円	約11万円	0円	約6万円	約16万円	ー
出資（資本金・基金）	出資が必要（3条1項1号）	出資できない（定めない）	・出資できない（定めない）・基金をつくれる（131条〜144条）	出資が必要（10条1項）	出資が必要（578条本文）	出資が必要（34条1項・63条1項）	出資することを規約・会則に記載することは可能（定めなし）

	労働者協同組合	NPO法人（特定非営利活動法人）	一般社団法人	企業組合	合同会社	株式会社	任意団体（権利能力なき社団）（民法上の組合を除く）
剰余金分配・出資配当・剰余金積立	・従事分量配当ができる（以上、3条2項5号・77条2項）※【特定労働者協同組合】に認定されると、従事分量配当も認められない（94条の3第1号） ・出資配当は認められない ・毎事業年度、剰余金の10分の1以上を準備金（76条1項）、20分の1以上を就労創出等積立金、20分の1以上を教育繰越金にすることが必要（76条4項・5項）	分配できない（定めなし）	分配できない（11条2項・35条3項）	・出資配当ができる（上限20%） ・なお剰余があるときは、事業利用分量に応じて配当できる（以上、59条3項） ・毎事業年度、剰余金の10分の1以上を利益準備金として積み立てることが必要（58条1項）	・出資配当（621条1項・622条）。ただし、定款の定めによって配当に関する事項を定めることができる（621条2項） ・準備金について定めなし。ただし、当期純利益額を利益剰余金として内部留保することができる（会社計算32条1項1号）	・出資配当（453条・454条3項） ・準備金の積立（445条4項）	規約・会則に記載することは可能（定めなし）
構成員への残余財産の分配	分配できる（則80条1項4号参照）※定款に帰属先を定めることができる（11条1項12号・3項）。組合員に対しその出資額を限度として分配した後の残余財産は、国、地方公共団体、他の特定労働者協同組合等に帰属先とする必要がある（94条の3第2項・94条の17第1項～3項）※上記によって処分されない出資財産は、国庫に帰属する（94条の17第4項）	分配できない（定めなし）※定款に帰属先を定めることができる（11条1項12号・3項）※帰属先が定まらない残余財産は国庫へ（以上32条）	分配請求権を社員にも与えることはできない（11条2項）。ただし、社員総会の決議に基づいてすることはできる（239条2項）※帰属先が定まらない残余財産は、国庫へ（239条3項）	分配できる（則182条1項4号）	分配できる（644条・666条）	分配できる（504条1項2号・3項）	分配できる。ただし、構成員は分配請求権を有しない

法人税法上の位置付けと税割 ※1 ※2	普通法人（法税2条3号・9号）に該当するため、全所得に課税（法税5条~9条）※［特定労働者協同組合］に認定されると、公益法人等に認定されるため（法税2条6号・別表2）、収益事業から生じた所得にのみ課税（法税6条）	公益法人等とみなされるため（70条1項）、収益事業から生じた所得にのみ課税（法税6条）	普通法人（法税2条3号・9号）に該当するため、全所得に課税、ただし、非営利型法人は公益法人等に該当するため（法税2条9号の2）・別表2）、収益事業から生じた所得のみ課税（法税6条）	普通法人（法税2条3号・9号）に該当するため、全所得に課税（法税5条~9条）	普通法人（法税2条3号・9号）に該当するため、全所得に課税（法税5条~9条）	普通法人（法税2条3号・9号）に該当するため、全所得に課税（法税5条~9条）	収益事業から生じた所得にのみ課税（法3条・6条）
寄付金控除	なし	なし ※「認定特定非営利活動法人」（64条1項）に認定されると、公益法人等であり、かつ、寄付金控除等の特例の適用がある（71条）	なし	なし	なし	なし	—

※1 法人税について（2023年4月1日時点）。
・普通法人：資本金1億円以下の法人は、年800万円以下の部分15%、年800万円超の部分23.20%。それ以外の法人23.20%。
・協同組合等：年800万円以下の部分15%、年800万円超の部分19%。
・公益法人等：収益事業から生じた所得は、年800万円以下の部分15%。年800万円超の部分23.20%。
・公益法人等とみなされるもの：収益事業から生じた所得は、年800万円以下の部分15%、年800万円超の部分23.20%。
出典：国税庁ウェブサイト「法人税の税率」https://www.nta.go.jp/taxes/shiraberu/taxanswer/hojin/5759.htm

※2 法人住民税（均等割）について
・資本等の金額が1千万円以下の都道府県税均等割は2万円、市町村民税均等割は①従業者数50人以下の場合は5万円、②50人超の場合は12万円。
・資本金等の金額が上がると、税金も上がるが、本書では割愛。
・NPO法人は最低税率が適用されるため、都道府県民税均等割は2万円、市町村民税均等割は5万円。
出典：厚生労働省ウェブサイト「法人住民税（均等割）の概要」https://www.mhlw.go.jp/content/11909000/00097412 8.pdf

業に従事すること（8条1項「総組合員の五分の四以上の数の組合員は，組合の行う事業に従事しなければならない」），また，事業に従事する者の4分の3以上が組合員であること（8条2項「組合の行う事業に従事する者の四分の三以上は，組合員でなければならない」）が条文によって定められ，組合員ではない労働者の数が厳格に制限されている点も特徴である。

　他の協同組合では従事分量配当（組合員が組合の事業に従事した程度に応じた配当）と出資配当が認められるが，労協法では労協法人の非営利性を担保するため，出資配当が禁止され，従事分量配当のみ可能とされている（3条2項5号「剰余金の配当は，組合員が組合の事業に従事した程度に応じて行うこと」，77条2項「剰余金の配当は，定款で定めるところにより，組合員が組合の事業に従事した程度に応じてしなければならない」）。

　ただし，労協法人は，法人税法上の普通法人として取り扱われることから，非営利性があるといわれながらも，NPO法人のような税制優遇がない。そこで，労働者協同組合法等の一部を改正する法律（令和4年法律第71号）によって新設されたのが「特定労働者協同組合」である。これは，労働者協同組合のうち，非営利性を徹底した組合であることについて行政庁の認定を受けた組合（94条の2）であり，「その定款に剰余金の配当を行わない旨の定めがあること」（94条の3第1号），「その定款に解散した場合において組合員に対しその出資額を限度として分配した後の残余財産が国若しくは地方公共団体又は他の特定労働者協同組合…に帰属する旨の定めがあること」（94条の3第2項）という利益非分配条件が付される。特定労働者協同組合は，（一部の取扱いを除き）法人税法上の公益法人等として取り扱われ，たとえば，収益事業から生じた所得にのみ課税されるなど，NPO法人と同じ扱いになる。

　労協法では，労協法人が継続的に発展していくためには，さらなる事業拡大や人材育成が必要という観点から，そのための資金として，就労創出等積立金と教育繰越金の確保が義務付けられていることも大きな特徴といえる。就労創出等積立金は，毎事業年度の剰余金の20分の1以上を（76条4項「組合は，その事業規模又は事業活動の拡大を通じた就労の機会の創出を図るために必要な

第4章　日本の労働者協同組合の課題とその解決に向けて　*139*

費用に充てるため，毎事業年度の二十分の一以上を就労創出等積立金として積み立てなければならない」），教育繰越金も，毎事業年度の剰余金の20分の1以上を（76条5項「組合は，組合員の組合の事業に関する知識の向上を図るために必要な費用に充てるため，毎事業年度の剰余金の二十分の一以上を教育繰越金として翌事業年度に繰り越さなければならない」）確保することになる。

3-3　労働者協同組合法の課題

◆　労協法への労働法規の適用に伴う雇用／被雇用関係の発生

　労働者協同組合で働く組合員同士の対等・平等な関係を重視するワーカーズ・コレクティブやワーカーズコープにとっては，労協法の成立過程において，組合員同士に雇用／被雇用の関係を発生させないことが論点になってきた。なぜなら，雇用者となる組合員が労働者となる組合員を雇用することによって，形式的ではあるが「賃労働」が発生し，労働者は徐々に受動的になって運営を雇用者に委ねるようになることで，労働者協同組合の組織特性である労働者の主体性・自発性が失われてしまう恐れがあったからである。

　この点に関して，今回施行された労協法には大きな課題が残された。それは，労働契約の締結が適用された結果，労働者同士に労使関係が発生したこと，そしてそれに伴い，労協法の1条に「意見反映」という言葉が使用されたことである。もちろん現在の日本の労働法では，労働者を守るために労働契約を締結することは必須になり，労働者を守る観点からすれば評価できる法律になったといえる。しかし，対等であるはずの組合員同士に，たとえ形式的であったとしても，雇用／被雇用の関係を発生させてしまうという課題は残されたままになった。また，労働者協同組合の組織特性を考えると，その経営に必要なのは，組合員が雇用者に一方的に意見を述べる「意見反映」ではなく，労働者同士がその経営について共に考える「共同経営」「共同決定」である。ただ，日本の法律において，「共同経営」「共同決定」という言葉を用いると，雇用／被雇用の関係性が曖昧になるため，労働法が適用されなくなってしまう。

　これまで，実践だけでなく法制化においても，その組織特性である労働者の

主体性・自発性が失われてしまうことを防ぎ，組合員同士の対等・平等な関係を担保するために雇用／被雇用の関係性を発生させないことを論点としてきた労働者協同組合にとって，今回の労協法は決して理想的とはいえないだろう[20]。

　この点について，小山敬晴は，労協連もWNJも，雇用労働との違いを強調して運動を進めてきたが，最終的に法案に賛同したことについて，本来認識している労働者協同組合での労働の本質とは異なるが，立法上の最大の障壁であった労働法規の適用関係の論点を乗り越えるために妥協したと捉えることができると分析している（小山（2023）183頁）。また，法理論上は，労働者協同組合の組合員に労働法を適用することに矛盾はなくなったと述べる一方，本質的に雇用労働とは異なる労働者協同組合の労働について，雇用労働と同一の「労働者」という法的カテゴリーに押しとどめてしまうことに疑問を呈している（小山（2023）186～187頁）。

　労働基準法9条は，労働者を「職業の種類を問わず，事業又は事業所…に使用される者で，賃金を支払われる者」と定義する。すなわち，日本の労働者は，労働基準法では「賃労働」者であり，「使用される人」であることが前提になっている。そして，労働基準法のこの定義は，労働者を保護する他の法律にも準用されている。日本の労働法制は，そもそも労働者協同組合の組合員のような存在を全く想定していなかったため，労働者とは「使用者」の反対概念としてのみ定立されている（野川（2010）26頁）ということになる。つまり，日本の労働法制は，「使用者から労働者を守る」ことが基本的な目的の1つであり，「使用者」を想定できない働き方については，原則として労働者性を認めることができない（野川（2010）26頁）ということになる。もちろん各国においても，労働者を保護する法律が前提としているのは，「従属労働者（他人に雇われ，他人の指揮系統で働く人々）」であるが，たとえばスペインでは，労働者，使用者に加えて，協同組合で働く組合員労働者を特別なカテゴリーを用いて別個の概念として並立し，それに対して労働法制の各規定の特別な適用（保護）を行う独立型が採られている（野川（1999）21～22頁）。日本においても働き方が多様化する中[21]，その実態に合わせて，労働者の捉え方を広げつつ，

労働者保護もこれまでと同様に行われるような制度について検討することが今後も欠かせないだろう。

　また，労協法では，従事組合員は組合と労働契約を締結することによって，労働法制が適用（保護）されるが，業務を執行する組合員，理事の職務のみを行う組合員，そして監事である組合員は労働契約を締結することができないため（20条1項），労働法制の適用（保護）を受けることができないという問題も残る。社会保険については，労災保険には特別加入制度を使って加入することができ，健康保険と厚生年金保険には一定の労働時間があれば加入することはできるが，雇用保険には入れない。したがって，そのような組合員を守る制度づくりも必要になるだろう。

　さらに，労協法には最低賃金法も適用されるが，特にワーカーズ・コレクティブでは，最低賃金をクリアすることが難しいという指摘もある[22]。たしかに，労協法の成立過程で重視された，チープレイバーを生まない労働者協同組合を形成するという意味において，最低賃金法が適用されるのは非常に重要なことである。しかし，経営状況の苦しい組合が，最低賃金法などの労働法規が適用される労協法に魅力を感じるかは不明である（小山（2023）184～185頁，参照）。労働者協同組合の活動分野によっては，事業性よりも運動性を重視し，労協法人の取得を拒む労働者協同組合もあるかもしれない。この点についても，残された課題の1つといえよう。

◆　新自由主義において労協法が成立した意味と意義

　資本の抑圧に抗する人々によってつくられる協同組合の1つである労働者協同組合の法律が，日本においてなぜこのタイミングで成立したかについて検討することも，労働者協同組合の経営，さらには存在意義を考える上で重要な論点といえる。

　重田園江は，ミシェル・フーコー（Michel Foucault）の研究から，新自由主義者は社会のあらゆる行為者を企業家モデルで捉え，自らを人的資本としてつくり上げて価値を高めていく存在とみなすため，共同性の構築自体に価値や

意味を見出す協同組合のような組織の存立は初期設定からしてありえないと述べた（重田（2018）212頁）。労働者協同組合も，新自由主義ではその存在意義を否定される可能性は高い。一方，労働者協同組合が，共同性の構築自体に価値を見出さなくなり，市場の効率性を追求する組織に転換する場合，新自由主義からは歓迎されるだろう。

　資本主義社会において設立される労協法人は，新自由主義的な施策の中で，NPO法人と同じ道をたどる恐れを否定できない。この点に関して，市民セクター政策機構の白井和宏は，労協法という仏像に魂をいれなければ，日本の労働者協同組合は新自由主義の競合にさらされて失敗するか，自助・自立の枠に押し込まれて国家の下請け機関に成り下がる危険性について警鐘を鳴らしている（白井（2023）49頁）。また，協同組合は，単なる相互扶助組織なのか，それとも政府・自治体，市場とどのような関係にあるべきなのか，現代社会における協同組合の位置づけを積極的に議論すべきだろうとも述べている（白井（2023）48頁）。

　労働者協同組合がアソシエーションとして発展していくためには，日本の労協法が今後どのように改正されていくかを継続的に確認すると共に，労協法が成立した意味，そして，日本において労働者協同組合が必要とされる理由を追究していくことが重要である。実践においては，その経営に政策提言機能を盛り込むこと，そして政策提言を積極的に推進できるような労働者協同組合の支援組織を拡充していくことも欠かせない。

　一方，労協法の成立は課題だけでなく，意義があることも明らかである。1つは，労協法の成立は，私たちに，「賃労働」以外の労働とは何か，本来の労働とは何かを考えるきっかけを与えた。本来の労働には，「賃労働」で行われる営利企業や公共部門や非営利団体での労働だけではなく，商品化されていない労働として，自営業における労働や家事労働やボランティア労働などが含まれるが，労協法の労働者性について議論することは，労働者とはそもそも何か，そして「賃労働」とは何かが見直されるきっかけになるだろう。もう1つは，労協法の成立は，日本における労働者協同組合研究の目的の1つを達成させた

ことから，今後はより発展的な研究内容が求められるようになるということである（石澤（2021）53頁）。

◆ 協同組合基本法の必要性と労働者協同組合の本質

日本の協同組合法制は，農業協同組合や生活協同組合など，協同組合の形状ごとに，農業協同組合法や消費生活協同組合法のように，それぞれの根拠法が作られている。協同組合一般を包括する実定法が存在しないことから，労働者協同組合においても労協法が制定されることになった。しかし，アメリカ（州法），イギリス，スペインなどのように，統一協同組合法の中に労働者協同組合の特別規定をもつ国は少なくない（堀越（1999）83〜84頁）。統一協同組合法がベースにあれば，協同組合の理念や価値が労働者協同組合にも浸透しやすく，協同組合思想の根底にある「自由」もさまざまな協同組合と共有しやすくなる。日本では，協同組合ごとに規定する法律が異なることによって，その法の範囲に協同組合の事業内容や活動をとどめて，協同組合思想の根底にある「自由」が忘れられてしまいがちである。労働者協同組合だけでなく，さまざまな類型の協同組合による経済社会の担い手を育成するためにも「協同組合基本法」（統一協同組合法）の制定は重要になるだろう（野川（2010）25頁）。

一方，労協法人格を取得していなくても，そこで働く人々が所有し管理する協同組合という労働者協同組合の定義を実現していれば，それは労働者協同組合の実践といえる。逆にいえば，労協法を遵守して組織運営・経営がなされていたとしても，そこに労働者の自立性や主体性がなければ，本来の労働者協同組合とはいえない。政策や法の議論が先行する「法学幻想」という言葉があるが（斎藤（2023）178頁），労協法という法律に囚われすぎることなく，本来の労働者協同組合とは何かを常に考えながら運営をしていくことが重要である。

たとえば，東京ワーカーズ・コレクティブ協同組合に所属する「アーバンズ合同会社」は，労協法人は取得せず，労働者協同組合の基本原理に基づき，メンバーの関係性やアイディアによって各自の働き方や組織全体の自治を形成してきた組織である（田井（2024）30頁）。代表社員の田井勝は，対等で平等な

ヨコの関係性を重んじる実践である労働者協同組合は，従来の社会とは異なる世界観や生き方を求める一部の人々にとっては魅力的にみえるかもしれないが，崇高な理念や形式を謳うだけで具体的な実践がその通りに成立するわけではないという問題意識をもち，地元の仲間同士の相互扶助から生まれたアーバンズ合同会社の実践を通じて，各メンバーの境遇に配慮した労働と経営参加を保障するために，組織内の多様な差異が必要に応じて平等化する「特殊な自治」を創造してきた（田井（2024）30頁）。アーバンズ合同会社の組織運営は，労働者協同組合の基本原理に基づいたものではあるが，田井は，「労働者協同組合の制度化は，あらゆる協同労働をする団体に対して制度に合うかどうかという基準から判断するように迫る」こと，さらに，「市場言語や，労働者協同組合といった制度や理念などを強制する理念執行者になってしまう時，協同労働者は平等化に向けて抵抗をみせてくる」と分析する（田井（2024）35頁）。これは，法制度によって担保される形式的な平等性ではなく，実質的な平等性をどのように構築できるかを重視した実践から，労働者協同組合の本質がいったいどこにあるかを考えさせられる点で，非常に示唆に富む分析といえる。

　労協法は，日本の労働者協同組合運動を発展させる契機になることは間違いないが，労協法人であることが労働者協同組合とイコールでないことは，肝に銘じておく必要がある。

4　事業内容をめぐる課題とさまざまな組織との協働

　労働者協同組合の運営においては，資金調達が課題になりやすく，少額の資本で労働集約的な事業を起こすことが不可避的な傾向になるといわれる。また，入手し得る資金調達の制約の中で，可能な限り多くの仕事をつくりだそうとする傾向もある（Mellor, Hannah and Stirling（1988）p.79，訳書（1992）155頁）。

　労働集約的な仕事の1つである訪問介護や一時預かり保育などのケア労働は，ニーズのある場合にしか仕事が発生しないため，労働者にとっては，労働時間も収入も不安定になりがちである。また，事業内容と資金調達方法によっては，

第4章　日本の労働者協同組合の課題とその解決に向けて　*145*

雇用を「安く」創出せざるを得ない状況が発生しやすい。たとえば，公的介護保険を利用した高齢者介護の場合，介護報酬によってサービス対価の上限がある程度決められてしまう。また，行政の指定管理者制度では，民間委託というその性質上，委託金額は可能な限り安く抑えられがちであるため，労働者の収入が低くなりがちである。

　ワーカーズコープの1つであるセンター事業団の総事業高は約224億円であるが，そのなかでも，学童，保育室，児童館運営などの子育て関連事業が占める割合は大きく，事業高は約120億円と総事業高の半分にのぼる[23]。特に，子育て関連事業は，行政からの委託事業や指定管理事業によるものが多いため，センター事業団の総事業高の半分は行政からの委託事業や指定管理者制度による費用で賄われているともいえる。したがって，もし，行政の委託事業や指定管理事業からの収入がなくなった場合，事業が立ち行かなくなることもある。また，行政の事情による委託事業や指定管理事業の廃止といった一方的な制度変更，そして，継続的に指定管理事業を受託することの難しさという理由によって，組織における全収入が失われ，廃業に追い込まれる組織は少なくない。これは労働者協同組合だけではなく，すべての非営利組織に該当する課題でもある。

　新自由主義では，市場メカニズムは，経済だけでなくその外部にも適用できると考えられるため，福祉，公教育，行政サービスなども民営化し，市場メカニズムに委ねるほうが効率的だとされる。そのなかで，政府に代わる供給者としての役割を期待された主体の1つが非営利組織などの市民社会組織であった（仁平（2017）161頁）。今回の法制化によって法人格を取得した労働者協同組合も，その活動分野によっては，新自由主義的な観点から，行政に代わる公共サービスの提供者として期待されることになるだろう。しかし，行政からの委託事業の占める割合が大きければ大きいほど，行政の制度変更などに振り回される可能性はより高まる。また，ケア事業では，サービス単価が決まっているため，小さな組織ではぎりぎりの経費しか計上できないケースも多い。さらに，最近では，少子高齢化の影響によって，労働市場が慢性的に人手不足になって

いることから，ケア労働は人材確保のための求人に大きな費用がかかるが，その点も事業者が負担しなければならず，労働者協同組合への負担が大きくなることも容易に想像できる。

労働者協同組合の事業内容については，これまでもさまざまな検討がなされてきた。

まず，事業内容を多角化していくという方法である。労働者協同組合がより自由に経営し，行政に対して政策提言を積極的に行うためにも，事業内容を多角化することによって，行政の委託事業収入へ依存する割合を減らしていくという方法である。たとえば，労協法の成立後，新たに設立された労働者協同組合には，キャンプ場経営，漁師による魚ともずくの加工販売，木工品販売，造園業，カウンセリング事業，葬祭事業，空き家の代行管理事業，書店，IT事業，システム開発事業，映像制作事業，映像配信事業，デザイン事業など，委託事業のみに頼らない新たな事業が次々に誕生している。アーバンズ合同会社では，7人（2023年時点）の若者によって趣味と仕事のハイブリッド化が目指され，運用型広告代理事業，動画制作や研究サポート事業に加え，飲食事業やシーシャ（水タバコ）事業，楽曲販売や中古車販売など，1人1事業といった形態をとることで，これまでにない事業が展開されている（田井（2024）31頁）。行政の委託事業に頼るだけでなく，新たな事業を発掘し，自主事業も増やしていくことにより，政策提言しやすい組織づくりが実現できる可能性は高まるだろう。そのような組織づくりは，労働者協同組合の労働者にとって，より働きやすい職場づくりを実現させる可能性を高める。

次に，そもそも，行政との委託／受託関係のあり方自体を変化させていくことによって，委託事業を減らさずに，労働者協同組合が行政と協働で，地域事業を運営していく方法も考えられる。たとえば，第2章で取り上げた座間市のように，地域に必要なサービスを行政と共につくるという事例も各地で増えてきている。広島市では，住民が自らのできる範囲で出資し，対等な立場でアイディアを出し合い，人と地域に役立つ仕事を生み出す「協同労働」プラットフォーム事業を，住民と共に生み出してきた[24]。行政の地域にかけられる予算

が潤沢ではない中，10年以上にわたりより良い地域を作るためにはどのような事業が必要かを住民と行政が共に考えてきた取り組みであり，結果的に高齢者の活躍の場，地域住民同士がつながる場が形成されている。杉並区長の岸本聡子は，世界中で国や自治体が公共的な役割を縮小し民営化していく流れに対して，住民が地域の公共財を自分たちで民主的に管理する仕組みにつくり直そうとする「地域主権主義（ミュニシパリズム）」の動きに言及しているが（岸本（2023）4～5頁），座間市や広島市の事例は，まさにそのような動きの一環と位置づけられる。行政からの委託事業が増えやすい分野では，地域の公共財，すなわち「コモン」の領域を，労働者協同組合をはじめとする協同組合が，行政と共に民主的に管理する主体として，事業運営を展開することが今後もますます増えるだろう。そして，そのような「コモン」の領域を，労働者協同組合は積極的に増やしていく必要がある。

　さらに，地域における多様な人や組織との連携による事業内容の拡充が考えられる。たとえば，地域社会の課題解決を目指す同種，あるいは，異種協同組合との協同による学習・交流活動を深め，新たな事業を生み出すことである。労働者協同組合は，農業協同組合，漁業協同組合，林業協同組合などと，一次産業を通じて，事業連携できる可能性が高い。また，各地域の小規模事業者や，多様な働き方を目指すフリーランス，あるいは，いわゆる「士業」の人たちと連携して事業を生み出せる可能性も高い。さらには，国外の労働者協同組合との連帯による事業の構築といった可能性も見出せるだろう。

　最後に，人間らしい労働を取り戻すという観点から，企業の労働組合との連携による事業創出も重要になる。労働組合は，雇用労働における労働者が結成する組織体であり，労働者自身が事業体の運営を行うことは予定されていないが，同じ労働者という側面から見れば，企業における雇用労働においては労働組合が，雇用労働を離れた場においては労働者協同組合が，立場は違ったとしてもそれぞれに協力して，お互いの活動領域の拡大をサポートし合う方向に行動することができる（野川他（1999）68～69頁）。同じ地域の住民として，そして労働者として，私たちの地域や生活にどのような事業が必要かを探ってい

くことが欠かせないだろう。

[注]

1 協同総合研究所ウェブサイト（2013）「資料ファゴールの倒産をめぐって」https://jicr.roukyou.gr.jp/oldsite/link/img/fagor2013.pdf，あるいは農業協同組合新聞ウェブサイト（2014）「スペイン・モンドラゴンの主力企業が倒産」https://www.jacom.or.jp/nousei/news/2014/04/140418-23986.php，参照。

2 東京新聞朝刊「労協連幹部死亡労災認定―くも膜下出血，過労原因」2023年4月26日。

3 川人博「ある女性過労死労災認定が提起する課題」『ストップ！過労死　全国ニュース』14号，2023年7月15日，1頁。

4 この点に関連して塚本一郎は，1993年時点ですでに，「労働者協同組合という企業組織も，資本主義の経済法則である『競争の強制』から決して自由ではない。競争関係のもとで組織を守り発展させることが自己目的となって，そこで働く労働者の人権や，健康が犠牲にされることも労働者協同組合にはありうる。従属労働を否定したはずの労働が組織への従属労働として現象し，新たな企業主義となる危険性が常に存在している」（塚本（1993）33頁）と分析し，労働者自身が形成する労働者協同組合においても，労働者の人権や健康が犠牲にされることがありうることを，その組織構造や先行研究から推測していた。

5 読売新聞朝刊「学童運営事業団職員水増し報告―新宿区の複数施設で」2023年7月23日。

6 民主的管理，民主的ガバナンスに関連する概念として，職場デモクラシー（Workplace Democracy，職場民主主義と訳されることもある）がある。職場デモクラシーとは，企業の経営，職務内容，労働条件や職場環境などに関する意思決定権を，労働者が制度的に分有する仕組みである（遠藤（2022）218頁）。

7 協同組合の外部監査の研究に関しては，多木（2005）が詳しい。

8 Mondragon Corporationウェブサイト「Somos」（https://www.mondragon-corporation.com/somos/）

9 Mondragon Univertsitateaウェブサイト「Oferta de Programas de Doctorado」（https://www.mondragon.edu/es/programas-doctorado）参照。

10 Mondragon Univertsitateaウェブサイト「Administración y Dirección de Empresas - myGADE - Dual」（https://www.mondragon.edu/es/grado-administra

第4章 日本の労働者協同組合の課題とその解決に向けて *149*

cion-direccion-empresas）や「Programa Dual」（https://www.mondragon.edu/es/grado-ingenieria-energia/programa-dual）など，参照。

11 角瀬保雄は，この文章の主語について「日本の労協」（角瀬（2002）136頁）という言葉を用いているが，前後の文脈からセンター事業団のことを指すと考えられる。したがって，本書ではあえてセンター事業団と記した。

12 CS神戸は1995年に起こった阪神・淡路大震災をきっかに生まれたボランティアグループ 東灘地域助け合いネットワークを母体に「自立と共生」に基づくコミュニティづくりを支援するサポートセンターとして1996年10月に発足した。認定NPO法人であり，2020年1月から灘区大和公園内に建設した民設民営の施設である「地域共生拠点・あすパーク」を運営している。

13 2023年9月18日に「くらしと協同の研究所」第3回協同労働研究会によって実施された，CS神戸へのインタビューより。

14 「ワーカーズ・コレクティブ及び非営利・協同支援センター」2017年度第10回運営会議録より。

15 木村満里子は，2024年6月にインタビュー調査を実施した時点では，神奈川ワーカーズ・コレクティブ連合会の理事長。同時に，川崎市において生活支援サービス事業などを行うNPO法人ワーカーズ・コレクティブメロディーの副理事長も務めている。

16 東京ワーカーズ・コレクティブ協同組合ウェブサイト「活動報告」https://tokyo-workers.jp/report/3259/

17 福祉クラブ生活協同組合ウェブサイト「コミュニティワークの価値と価格」https://www.fukushi-club.net/about/value/，参照。

18 日本労働弁護団ウェブサイト「協同労働の協同組合法案に対する意見書（2011年5月19日）」https://roudou-bengodan.org/proposal/post_13/

19 従来の協同組合法が，設立において認可主義（農事組合法人および漁業生産組合は準則主義）と行政監督を採用しているのに対して，労協法は，準則主義と行政監督を採用しているところに特徴がある（高瀬（2022）48頁）。なお，労協法の行政監督について，行政庁（個別の組合は都道府県知事，連合会は厚生労働大臣）は，成立の届出（27条），決算関係書類等の提出（124条），報告の徴取（125条），検査等（126条），法令等の違反に対する処分（127条）など，強力な監督権限をもっている。行政監督は，時の政府の産業政策によって恣意的な運用がなされやすいのに対し，裁判所監督は裁判官の職権行使の独立性が保障されているので，中立・公正な監督が期待できることから，労働者協同組合が真の自治・自立を確

立するためには，会社法のような裁判所監督が望ましいという見解があることを付しておく（高瀬（2022）51〜52頁）。

20 「労働契約を結ぶというのは労働者になるということで，雇われない働き方を目指してきた私たちには違和感がある」とワーカーズ・コレクティブのメンバーは語っている。浅川澄一「『労働＋経営＋出資』のワーカーズ法はNPOに勝る選択肢になるのか」ダイヤモンドオンライン，2020年12月30日，https://diamond.jp/articles/-/258242?page=7。

21 近年，働き方の多様化が進み，フリーランスという働き方が社会に普及する中，フリーランスが取引先から不当な扱いを受けないよう，安心して働ける環境を整備するため，2024年11月1日に「フリーランス・事業者間取引適正化等法」が施行された。本法は，日本における働き方の多様化を認める法律の1つとして，労協法とも関係性があるものといえるだろう。

22 浅川澄一「『労働＋経営＋出資』のワーカーズ法はNPOに勝る選択肢になるのか」ダイヤモンドオンライン，2020年12月30日，https://diamond.jp/articles/-/258242?page=6，参照。

23 「センター事業団パンフレット2024」16頁。

24 協同労働ひろしま（広島市「協同労働」プラットフォーム事業）ウェブサイト（https://kyodo-rodo.jp/）参照。

[第4章・引用文献]

・Braverman, H.（1974）*Labor and Monopoly Capital: The Degradation of Work in the Twentieth Century*, Monthly Review Press.（富沢賢治訳（1978）『労働と独占資本』岩波書店。）

・Cornforth, C. Thomas, A. Lewis. J. and Spear, R.（1988）*Developing Successful Worker Co-operatives*, Sage Publications.

・Laidlaw, A. F.（1980）*Co-operatives in the Year 2000*（*A Paper prepared for the 27th Congress of the International Co-operative Alliance*）, Co-operative Union of Canada.（日本協同組合学会訳編（1989）『西暦2000年における協同組合［レイドロー報告］』日本経済評論社。）

・MacPherson, I.（1996）*Co-operative Principles for the 21st Century*, International Co-operative Alliance.（日本協同組合学会訳編（2000）『21世紀の協同組合原則—ICAアイデンティティ声明と宣言』日本経済評論社。）

・Mellor, M. Hannah, J. and Stirling, J.（1988）*Worker Cooperatives in Theory and*

Practice, Open University Press.（佐藤紘毅・白井和宏訳（1992）『ワーカーズ・コレクティブ―その理論と実践』緑風出版。）

・朝井志歩（1999）「労働者協同組合での事務局員の継続」平塚眞樹編『労働者協同組合で働く青年たち―日本労働者協同組合連合会センター事業団・事業所で働く青年層のキャリア意識調査報告書』50〜64頁。

・有田光雄（1996）『民主経営の管理と労働』同時代社。

・石澤香哉子（2021）「日本における労働者協同組合研究の到達点と課題」『協同組合研究』41巻2号，52〜65頁。

・石澤香哉子（2022）「労働者協同組合法法制化運動の流れと論点の整理」『生協総研レポート』96号，17〜35頁。

・伊藤亜紗（2023）「会議の研究（3）ワーカーズコープの共同想像」『ちゃぶ台』12号，ミシマ社，49〜68頁。

・遠藤知子（2022）「職場デモクラシー論の検討と今後の課題―民主的実践としての労働者協同組合に着目して」『大阪大学大学院人間科学研究科紀要』48号，215〜233頁。

・大内兵衛・細川嘉六監訳（1966）『マルクス＝エンゲルス全集』第16巻（国際労働者協会創立宣言，1864年9月28日）大月書店。

・重田園江（2018）『隔たりと政治―統治と連帯の思想』青土社。

・角瀬保雄（2002）「労働者協同組合の基本問題（上）―その運動と組織と経営」『経営志林』39巻2号，121〜143頁。

・岸本聡子（2023）『地域主権という希望―欧州から杉並へ，恐れぬ自治体の挑戦』大月書店。

・木村満里子・井上浩子（2023）「対談：ワーカーズ・コレクティブの現在」『生活協同組合研究』568号，14〜22頁。

・黒川俊雄（1993）『いまなぜ労働者協同組合なのか』大月書店。

・小関隆志（2000）「労働者協同組合」『大原社会問題研究所雑誌』500号，32〜48頁。

・小林明日香・岩城由紀子（2023）「徹底した話し合いによる協同労働の組織運営」『協同の發見』370号，7〜23頁。

・小山敬晴（2023）「ワーカーズ・コレクティブの法律問題」菊池馨実・竹内（奥野）寿・細川良・大木正俊・鈴木俊晴編著『働く社会の変容と生活保障の法』旬報社，177〜188頁。

・斎藤幸平（2023）『ゼロからの「資本論」』NHK出版。

・三枝麻由美（2003）「日本におけるオルタナティブ組織研究―主婦によるワーカー

ズ・コレクティブ」『年報社会学論集』16号，90〜101頁。

・坂上孝（2023）『プルードンの社会革命論』平凡社。

・佐藤慶幸（1996）「ワーカーズ・コレクティブの社会的意味」『社会・経済システム』15号，27〜38頁。

・衆議院法制局第五部一課（2021）『時の法令（労働者協同組合法の制定）』2122号。

・白井和宏（2023）「これからのワーカーズ・コレクティブの課題—『雇用されないもう一つの働き方』だけでなく『ディーセント・ワーク』の実現をめざして」『生活協同組合研究』568号，42〜49頁。

・鈴木昭裕（2024）「意見反映の事業計画づくり」労働者協同組合ワーカーズコープ・センター事業団『共につくりあげてきた協同労働の世界—よい仕事・全組合員経営を掲げて（労働者協同組合法時代を切り拓いたワーカーズコープ・センター事業団の35年〈各論編〉）』157〜160頁。

・田井勝（2024）「労働者協同組合型経営における民主的運営と平等化の過程—オートエスノグラフィーによる参与観察から見えてきた理念遂行者への抵抗」『経済科学通信』159号，30〜37頁。

・高瀬雅男（2022）「労働者協同組合法の特徴と課題」『行政社会論集』35巻1・2号，33〜54頁。

・多木誠一郎（2005）『協同組合における外部監査の研究』全国協同出版。

・塚本一郎（1993）「労働者協同組合における労働者統制の意義—ウェッブの生産者協同組合批判に関連して」『大原社会問題研究所雑誌』417号，19〜34頁。

・塚本一郎（1994）「労働者協同組合における統制の構造と実態—日本労働者協同組合連合会センター事業団の事例に即して」『大原社会問題研究所雑誌』432号，30〜47頁。

・永戸祐三（1987）「事業団で働くこと，生きること—日本における労働者協同組合づくり」芝田進午編『協同組合で働くこと』労働旬報社，127〜186頁。

・仁平典宏（2017）「政治変容—新自由主義と市民社会」坂本治也編『市民社会論—理論と実証の最前線』法律文化社，158〜177頁。

・日本労働者協同組合連合会編（2022）『＜必要＞から始める仕事おこし—「協同労働」の可能性』（岩波ブックレット1059号）岩波書店。

・野川忍・野田進・和田肇（1999）『働き方の知恵』有斐閣。

・野川忍（1999）「雇用社会における労働者協同組合—労働関係法制の役割と雇用政策上の機能」『協同の發見』91号，21〜28頁。

・野川忍（2010）「協同労働の協同組合の可能性」『協同の發見』221号，24〜27頁。

第4章　日本の労働者協同組合の課題とその解決に向けて　*153*

・堀公俊（2018）『ファシリテーション入門＜第2版＞』日経BP・日本経済新聞出版。
・堀越芳昭（1999）「欧米諸国の労働者協同組合法制」『協同の發見』89号，62～87頁。
・前田信彦（2010）『仕事と生活―労働社会の変容』ミネルヴァ書房。
・松本典子（2021）「アメリカにおける労働者協同組合の対抗戦略―サンフランシスコとニューヨークの事例が日本に示唆すること」『協同組合研究』41巻2号，38～51頁。
・宮垣元（2024）『NPOとは何か―災害ボランティア，地域の居場所から気候変動対策まで』中央公論新社。
・宮田惟史（2023）『マルクスの経済理論―MEGA版「資本論」の可能性』岩波書店。
・宮本琢也（2023）「モンドラゴン協同組合におけるキメラ的構造が及ぼした帰結―OronaとUlmaの脱退が意味するところ」『久留米大学商学研究』28巻2号，81～104頁。
・山田定市（1999）『農と食の経済と協同―地域づくりと主体形成』日本経済評論社。
・山根雅子（1991）『自主生産労組―東芝アンペックス争議八年のたたかい』木魂社。
・労協連35年史編纂委員会（2017）『みんなで歩んだよい仕事・協同労働への道，そしてその先へ　ワーカーズコープ35年の軌跡』日本労働者協同組合（ワーカーズコープ）連合会。

第 5 章

アメリカの労働者協同組合から学ぶこと

　労働者協同組合が，資本主義システムにおいてその取り組みを発展させていくためには，事業性と同時に運動性も追求しなければならない。しかし，両方を同時に追求することは，ここまで考察してきたように，その経営をより困難にさせることは明らかである。この経営の困難性は，日本の労働者協同組合だけが抱える課題ではなく，各国の労働者協同組合も同じように抱えてきたことである。そこで，本書では，近年その数を増やしつつあるアメリカの労働者協同組合の動向をみていく。

　1982年に日本ではじめて設立された労働者協同組合の「にんじん」は，アメリカの現場を見学した丸山茂樹による情報をもとに（丸山（1981）），「ワーカーズ・コレクティブ」と名付けられた経緯があることから（宇津木他（1987）79頁），40年前の日本ではアメリカにおける労働者協同組合の活躍が認識されていたことは明らかである。しかし，アメリカの労働者協同組合については，2000年頃の調査研究（大谷他（1999））以降は，ほとんど研究されていない状況が続いていた。

　アメリカは新自由主義の影響が強く，「多くの独立した労働者経営の企業が簡単に存続することのできるフィールドがほとんどないので，労働者協同組合数は非常に限られている」（Curl（2012）p.353）との指摘からも明らかなように，労働者協同組合の存続は決して容易とはいえない。しかし，換言すれば，

現存しているアメリカの労働者協同組合には何らかの強みがあるため，そこから学べることは少なくないということでもある。また，アメリカの労働者協同組合は，たとえば「職場民主主義（Workplace Democracy／Democracy at Work）」「社会正義（Social Justice）」「連帯経済（Solidarity Economy）」をキーワードに，資本主義とは異なる経済システムを構成しようとする多様な主体と共に社会運動を展開している点でも学ぶことは少なくない。そこで，アメリカに現存する労働者協同組合の特徴を分析することは，今後の日本の協同組合研究や労働者協同組合の発展には欠かせないものであると考え，2018年～2019年に，アメリカのいくつかの労働者協同組合にインタビュー調査を実施した（松本（2018/2019a/2019b/2019c/2020a/2020b））。本書では，この一連のインタビュー調査を踏まえて，日本の労働者協同組合への示唆についてまとめる。

1　アメリカの労働者協同組合小史

◆　第 I 期（19世紀初頭～19世紀末まで）

　アメリカにおける労働者協同組合の歴史は19世紀初頭にはじまる。産業革命の進行に伴う労働者の労働条件の悪化や産業の再編にともなう失業の発生を社会的背景に，労働者によって資本に対抗するための労働組合（職能別組合）などが設立された。労働組合や協同組合や労働者関連政党などの労働者組織（labor associations）は，被雇用者と自営業者に橋渡しをする方法として，労働者協同組合の形成を促進した（Curl（2012）p.4）。全国職人組合（National Trades' Union, 1834-37）は，少なくとも18の生産協同組合（Production Co-operatives）を生み出し，1840年代には22の産業に設立された。労働者協同組合をめぐる一連の運動は南北戦争後に拡大し，1880年代には300を超える労働者協同組合が設立され，そのほとんどが1886～88年に労働騎士団（Knights of Labor）によって組織化されたといわれる（Curl（2012）pp.4-5）。

◆ 第Ⅱ期（20世紀初頭～1950・60年代まで）「オールド・ウェーブ」

　1929年の大恐慌による失業者の大量発生を背景に，1930年代に実行されたニューディール政策において，協同組合は重大な構成要素となった。生協，農協，信用組合や新たな労働者協同組合などが形成され，雇用が創出された。この時期は，州政府や地方行政によって，協同組合の形成に向けた積極的な指導と支援が行われた点が特徴である。しかし，第二次世界大戦後には，多くの協同組合が社会運動とのつながりで一掃された（Curl（2012）p.5）。

◆ 第Ⅲ期（1960・70年代～1980年代まで）「ニュー・ウェーブ」

　1960年代には，公民権運動，ベトナム反戦運動，女性解放運動，平和運動の高まり，ヒッピー文化の出現や対抗文化（counter culture）の形成を背景に，協同組合形成の動きも活発化し，自然食品や無添加食品を取り扱う共同購入組織やフード・コープと呼ばれる小規模生協が増加した。組織運営においては，全組合員の参加と経営による直接民主制に近い形が実行された（古沢（1987）226～227頁）。1960年代後半から1970年代に比較的小規模な労働者協同組合や集団（collectives）が各地に形成され，1980年時点で，全米に750から1,000ほどが存在したと推定される（Jackall and Levin（1984）p.88）。

　1970年以前の従来型の生協や農協が協同組合運動の「オールド・ウェーブ（古い波）」と呼ばれたのに対して，1970年以降の社会変革，対抗経済を目指した動きや草の根市民運動は「ニュー・ウェーブ（新しい波）」あるいは「ニュー・ラディカル」と呼ばれた（古沢（1987）227頁，丸山（1981）8頁）。一方，「ニュー・ウェーブ」の中には，直接民主制や自主管理の徹底，分業体制や専門性の廃止などによって理念的なものを性急に求めすぎたため，経営問題が発生して組織運営自体が存続できなくなる事例が出てきた。1970年代後半には，一定程度の規模の経済の追求，分業制・専門性の評価，マネジメントの重要性が再確認され，理念追求と経営とのバランスをとる団体が出現した[1]。

◆ 第Ⅳ期（1980年代〜現在）

　1980年代の経済不況と失業率の高まりを背景に，協同組合の中でも特に消費者協同組合のスーパーマーケットが経済的な理由によって閉店に追い込まれた。一方で，自然食品店を運営するような小さな協同組合の多くは生き残り，アメリカの食品協同組合の一般的な形態となった（Curl（2012）pp.242-243）。たとえば，本書で取り上げるレインボー・グローサリー（Rainbow Grocery，以下レインボー）などである。

　1990年代には，第Ⅲ期の「ニュー・ウェーブ」時に設立された労働者協同組合の実践を受けて，新たな労働者協同組合がアメリカ国内の各地に形成された。たとえば，1971年にカリフォルニア州バークレーに設立されたチーズボード・コレクティブ（Cheese Board Collective，以下チーズボード）の実践は，各地の労働者協同組合に影響を与えた。1990年代には，エレクトロニクスなど新しい技術の台頭を背景に，プログラマーやウェブデザイナーなどを主体とした労働者協同組合が形成されたり，代替エネルギー技術の領域に新たな労働者協同組合が形成されたり，アメリカの自動車文化の台頭を背景に自転車を製造する労働者協同組合や配達サービスを行う労働者協同組合も設立された。そして，この時期に最も重要な要素となるのが，各地において，Network of Bay Area Worker Cooperatives（NoBAWC）のような労働者協同組合支援組織によって，協同組合間協同が形成されたことである（Curl（2012）p.243）。

　2000年代にはいり，アメリカでは，2008年のリーマンショックに端を発した世界同時不況を契機に国内経済が崩壊し失業率も高まった。2011年には「99％対1％」をめぐってウィスコンシンの労働組合によるデモやニューヨークの「ウォール街を占拠せよ」のようなラディカルな動きがアメリカ全土に巻き起こった（Nichols（2012）など）。そのような状況を背景に，アメリカでも資本主義に対抗するためのアソシエーションの1つとして，労働者協同組合の取り組みが再度注目された。

　労働者協同組合をめぐる新たな動向の1つとして国内外からも注目を集めたのが，2009年に全米鉄鋼労働組合（United Steelworkers: USW）とモンドラ

ゴン協同組合がアメリカ国内で労働者協同組合を立ち上げるための提携契約を締結したことである。提携契約は，北米の労働者協同組合セクターの規模を拡張するための1つの戦略であるといわれる（Schlachter（2017）p.125）。その後，2011年にオハイオ州シンシナティにおいて，労働者協同組合のインキュベーターであるCincinnati Union Co-op Initiative（CUCI）が形成されるなど，労働者協同組合のスタートアップに向けた取り組みが全米各地で起きた。

　2014年ごろには，アメリカ全土に約300〜400の労働者協同組合が存在し，Worker Cooperativeをタイトルに掲げる研究も急速に出現しはじめた。また，2016年には，バーニー・サンダース（Bernie Sanders）が「Agenda for America: 12 Steps Forward」において，第3のアジェンダに「Creating Worker Co-ops」を掲げて労働者協同組合への期待を表明したことでも注目された。アメリカでは，人種や移民をめぐる分断の解消が重要な社会的テーマの1つになっているが，ニューヨークなどの都市部では移民を含めた労働者の生活を守るため，労働者協同組合が一定の役割を担うなど，移民労働者も主役になれる組織づくり，仕事づくりの実践をめぐって労働者協同組合に期待が集まっている。

　以上のように，アメリカの労働者協同組合は，労働運動や社会運動と共に成長や衰退を繰り返してきた。

2　アメリカの労働者協同組合の概要と研究対象

　USFWCおよびその研究部門とも位置づけられるDemocracy at Work Institute（以下，DAWI）が発行した報告書（USFWC & DAWI（2019））によれば，アメリカでは，465の労働者協同組合[2]で推定6,454人が働き，年間総収入は5億ドルを超える。

　USFWCが作成したもう1つの報告書（USFWC（2019））には，労働者協同組合一覧に444団体が掲載され[3]，所在地は多い順に，1位「カリフォルニア州（88団体）」，2位「ニューヨーク州（87団体）」，3位「マサチューセッツ州

（44団体）」という結果であった[4]。

そこで，労働者協同組合の団体数において1位と2位に位置づけられるカリフォルニア州とニューヨーク州の労働者協同組合の事例[5]を取り上げ，経営的側面からその特徴を考察する。

本書でとりあげるカリフォルニア州の事例は，基本的にインタビュー調査を実施した2019年当時の状況，ニューヨーク州の事例は，2018年当時の状況についてまとめたものである。

3　カリフォルニア州における労働者協同組合の事例

カリフォルニア州については，州北部に位置するサンフランシスコ・ベイエリア（主にサンフランシスコ，オークランド，バークレーを指す。以下ベイエリア）の事例をとりあげる。ベイエリアは，労働者協同組合あるいは連帯運動を組織するさまざまな団体の本拠地でありながら，全米の連合会であるUSFWCの本部もベイエリアのオークランドに位置する。

カリフォルニア州の労働者協同組合の連合会の1つであるNoBAWCは，ベイエリアで活動していた労働者協同組合がさまざまな問題を議論するために形成された月例会議から派生し，地元の労働者協同組合運動を構築するため，1994年に設立され（Curl（2012）p.248），現在は主に「職場民主主義」を構築するためのコンサルテーション業を担っている。2005年には，約30の労働者協同組合が集まって有料の会員制組織へと移行した。2019年には，36の中小規模の労働者協同組合が集まり，年間総売上高は約8,000万ドル，1,000人以上の労働者が参加している。カリフォルニア州では，2015年に法制化運動の成果の1つとして議員立法（Assembly Law No.816）による労協法が下院を通過し[6]，他のいくつかの州と同様に，協同組合法のもとで労働者協同組合を設立できるようになった[7]。労協法の原案作成には地元の労働者協同組合関連団体が関わった点が特徴である[8]。

ベイエリアには，1971年に設立されたチーズボードや1975年に設立されたレ

インボーなど，食品関連の有名な労働者協同組合が存在する。USFWC（2019）
の報告書でも，カリフォルニア州の労働者協同組合88団体の活動分野内訳は，
多い順に，食品関連17団体[9]，ハウスクリーニング8団体，コンサルティング
6団体となっている。そこで，カリフォルニア州の労働者協同組合の事例とし
て，食品関連（ベーカリー系とグローサリー系）団体を分析する。

3-1　食品関連の労働者協同組合の事例（ベーカリー系）

　ベーカリー系でベイエリアの労働者協同組合を牽引しているのが，チーズ
ボードとその連携組織のアリスメンディ協同組合連合（Arizmendi
Association of Cooperatives，以下アリスメンディ連合）である。特に，チー
ズボードは，バークレーにある全米で最も有名な労働者協同組合の1つである。

　チーズボードは，もともと1967年に2人の移民がはじめた個人所有の小さな
チーズ店であった。1971年に，小さなチーズ店の元所有者たちが従業員たちに
事業を売却した後，100％労働者所有の組織形態で展開され，現在はベーカ
リー＆チーズ店（Cheese Board Bakery & Cheese store）に加えてピザ店
（Cheese Board Pizzeria）も経営されている。ピザ店では，その日に販売され
るピザが日替わりの1種類のみに厳選されているため商品が迅速に提供され，
毎日異なるピザが販売されるため地元顧客のリピーターが少なくない。さらに，
品質の高さ，価格の安さ，そして，顧客の意見に耳を傾けるという事業運営が，
チーズボードの成功要因といえる（松本（2020a）79頁）。

　チーズボードの組合員は，共通の目的や課題に向けて力を集約していく過程
が，真の民主主義社会を有機的に生み出すという信念を長年にわたり共有して
きたが（松本（2020a）78頁），長年の経営で徐々に変化してきたことがある。
その1つが意思決定方法である。チーズボードへの訪問が記された協同総研の
報告書（大谷他（1999）50〜51頁）によれば，1999年当時は経営に関する決定
が全員の合意で行われること（総意）が組織特性の1つとしてあげられていた。

　組合員の新規採用については，6カ月間の仮採用期間（研修含む）が終わっ
た後に全組合員の決定で正式採用されていた点が特徴的であったが，近年は，

各店舗に属する組合員の中から選出された10人によって人事委員会が結成され，そのうち８人の合意があれば採用となる（松本（2020a）80〜81頁）。チーズボードにおける意思決定は，現在４分の３が合意の基準となり，人事採用以外にもこの基準が適用されている。すなわち，経営に関する決定は組合員全員の合意で行われるよう努力はされるが，それが難しい場合にはおおよその総意（「修正された総意」）で決定されることもある（Wright（2014）p.21）ということである。基準が変化した理由の１つは組合員数の増加にあり，20年前に約40人だった組合員数は約60人まで増え，全員の合意を得るのが難しい状況といえる。全員での合意形成を重視しすぎれば，経営に関する意思決定が遅れ，事業リスクの増大につながる。

　連携組織のアリスメンディ連合でも同じ状況が起きている。アリスメンディ連合は，1996年に，労働者たちが自らの生計を立てながら民主的に運営できる事業を開発するために設立された。開発された事業の１つであるアリスメンディベーカリー（Arizmendi Bakery）は，チーズボードのレシピや経営ノウハウといった生産モデルに基づいて設立され，５つのベーカリーが運営されている。オークランドにレイクショア店が開設された1997年には数名だった組合員数も，各店舗で平均約20人になっている。以前は店舗ごとに最終的な意思決定を全員の合意で決めるか，あるいは大多数の賛同で決めるかは異なっていたが，近年は４分の３か２分の１以上の合意で決定されるケースが多く，この理由の１つに，意思決定の迅速さが重視されていることがあげられる（松本（2020a）84頁）。

　もう１つの変化は，経営環境である。チーズボードでは，ベイエリアの生活賃金の約２倍の時給（分配金を含む）が支払われているが，ベイエリアにおける物価や地価はここ数年で急激に高騰したため，労働者協同組合の中では比較的高価な時給であったとしても生計を立てることが困難な人が少なくないという現状がある（松本（2020a）85〜86頁）。アリスメンディ連合は地価や建設費用の高騰によって，2017年以降は多額の初期投資や建設費用の必要なベーカリーの新規設立は取りやめ，造園設計，建設業，会計業務など，ベーカリー以

外の労働者協同組合を開発している（松本（2020a）85頁）。

　チーズボードもアリスメンディ連合も，非常に厳しい経営環境の中で事業をしているため，組合員全員による合意を重視すべきか，それとも，事業強化を優先させるために意思決定速度を重視すべきかについて，20年前よりも難しい判断を迫られている。特に，新自由主義の色濃いアメリカで経営する両組織では，組合員の生活を守るために組織自体が「生き残る」という選択肢が最も重視されてきたことから，事業強化という視点での経営戦略や意思決定速度も常に意識されてきたと考えられる。そのため，全員での合意が3分の2あるいは2分の1以上の合意へと変化してきたことは，致し方なかったとも捉えられる。

　ただし，もちろん組合員の声がおざなりにされてきたわけではない。20年間でこのような変化があった一方，チーズボードもアリスメンディ連合も，採用候補者や季節労働者を除く労働者はすべて組合員という特徴をもち続け，全労働者が所有者としての議決権をもつことにこだわっている。

3-2　食品関連労働者協同組合の事例（グローサリー系）

　グローサリー（食料雑貨店）系でベイエリアの労働者協同組合を牽引しているのが，レインボーである。レインボーは手頃な価格でオーガニック製品や地元産の商品を幅広く提供し，オーガニック，フェアトレード，ベジタリアン・ビーガン，ローカルフードムーブメントといった用語に興味をもつ人々から長年支持されてきた。また，通信販売や宅配は極力行わず[10]，店舗限定の商品販売に力を注ぎ，チェーン展開しないことによって，唯一無二の店舗として強みを発揮してきた（松本（2020b）106〜107頁）。チーズボードと共に，アメリカでは最も有名な労働者協同組合の1つにあげられる。

　レインボーは，1970年代初頭に起きた小規模なコミュニティ食品店を1つにまとめるというフード・コープ運動を基礎に，1975年にサンフランシスコ市内に設立された。売り上げ増加による店舗面積拡大のため2度移転し，1986年に80人だった組合員は約235人まで増加した（松本（2020b）100〜104頁）。1976年に非営利組織になり，1993年に，カリフォルニア州法による協同組合法人

（Cooperative Cooperation）に法的組織形態を変更した。この変更には，労働者が出資できるようになるという意味だけでなく，政府が介入する度合いが少なくなり，政治的にどのような活動をしようとも自由でいられるという意味が込められていた（宇津木他（1987）66頁）。レインボーは，組織目的といえる「ミッション」（行動指針を含む）[11]に基づき，全組合員が公正で民主的な職場で働きたいという共通の願いをもち，全組合員が所有者であり意思決定者という点に強くこだわり，そして「協同労働（cooperative work）」という成功モデルを創出させることが，持続可能な生活の実践には欠かせないという信念をもってきた（松本（2020b）102頁）。

　レインボーは，1,000時間もの研修を受けること，他の労働者協同組合とは異なり出資金は10ドルのみと出資の多寡にこだわらないといった特徴があるが，最も特徴的なのがそのガバナンスである。レインボーは，部門としての「コレクティブ（collective）」が複数集合することによって構成された「コーペラティブ（cooperative）」という組織構造をもつ（松本（2020b）104〜106頁）。部門（Department）数は14で，約15人ずつの組合員が所属し，食品や日用品などの商品カテゴリーと生産や事務のようなマネジメントカテゴリーから構成される（図表5-1）。製品の購買に関する決定，日程調整，分業方法などの日常的意思決定から，雇用，解雇，昇給，分配などの人事的に責任を伴う決定まで，ほぼすべての議論が部門会議（Department Meeting）で行われる。

　一方，組合全体に影響を与えるより大きな決定は，選出された組合員（誰でも立候補可能）によって構成されるコーポレート委員会（Cooperate Committees）において行われる。コーポレート委員会は，図表5-1のように，店舗全体の運営委員会（Storewide Steering Committee），効果的会議委員会，PR委員会，協同組合補助金委員会，寄付委員会，環境委員会といった小委員会から形成される。たとえば，店舗全体の運営委員会は持ち回りで，各部門から選出された7人の組合員から形成され，部門としてのコレクティブでうまく処理できない問題や部門同士の対立を調整する役割を担っている。レインボーは組合員数が多いため，組合員の意見を可能な限り反映させるために部門とし

第5章 アメリカの労働者協同組合から学ぶこと 165

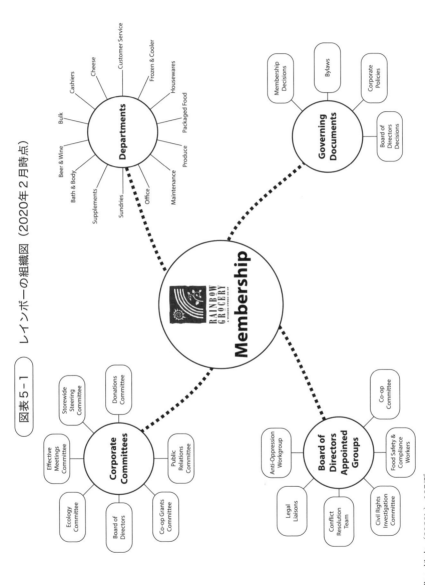

図表5-1 レインボーの組織図（2020年2月時点）

出典：松本（2020b）105頁。

てのコレクティブに強い権限をもたせた上で、コーポレート委員会がコレクティブの運営を支えるという組織構造（コーペラティブ）を形成してきた。意思決定速度も重視しながら、公正で民主的な職場の完遂を目指す手法といえる。

　NoBAWCによって注目される労働者協同組合の１つにマンデラ・グローサリー（Mandela Grocery、以下マンデラ）がある（松本（2020b）107頁）。マンデラの拠点であるウェスト・オークランドは、1800年代後半に、アフリカ系アメリカ人の労働者と家族が定住しはじめた場所であったが、1960年代に都市再生プロジェクトの名のもとで行われた土地収用によって住居や地元商店が撤去され、地元経済とコミュニティが崩壊した。2004年に地元住民たちの議論を踏まえて、2009年に設立されたのがマンデラである。

　マンデラの主な組織目的は、食料雑貨店の運営を通じて地元経済を強化することであり、徒歩圏内に野菜を取り扱うグローサリーをつくり健康な食品を購入しやすくすることで、高血圧や糖尿病などの予防につなげようという狙いもある。黒人やヒスパニック系の農家や食品メーカーから商品を調達している点にも特徴がある。約10人の組合員は地元に住む若者が多く、全員が理事を務めて毎週定例会議を行い、会議にはアリスメンディ連合やレインボーからのオブザーバーが入ることもある（松本（2020b）109頁）。その地域に必要なお店を地元住民が話し合いによってつくりあげ、地元の食料・雑貨を循環させ、地元の若者の雇用を増やすというマンデラの取り組みは決して特殊な事例というわけではないが、労働者協同組合運動拡大の視点からいえば、成功している労働者協同組合が若い労働者協同組合の組織運営を円滑にするためのサポートをしている点は、看過できない動向である。

3-3　ベイエリアにおける労働者協同組合への期待

　ベイエリアでは、特に食品関連の労働者協同組合の活躍が目立ってきたが、それ以外の理由でも労働者協同組合が注目されはじめている（松本（2019c）57〜58頁）。アメリカでも、日本と同様に団塊世代の小規模事業経営者の引退が相次ぎ、経営者が大企業に事業売却した結果、従業員の失業を生みだしたり

工場閉鎖につながるケースが少なくない。そこで再注目されているのが，アメリカでは1950年代から導入されている従業員持株制度（Employee Stock Ownership Plan：ESOP）である。ただし，ESOPは，比較的大企業の場合に適用されることの多い制度であり，小規模企業についての効果は限定的であるといわれることから，2017年までの5年間で200近い小規模事業が労働者協同組合への転換に向けて動いてきた（DAWI（2017）p.3）。

　オークランド市は，団塊世代が経営する中小企業が数多く集まっていることから，「プロジェクト・エクイティ（Project Equity）」に大きな期待が寄せられている（松本（2019c）58頁）。プロジェクト・エクイティは，経営者が高齢化を理由にやむなく廃業を選ばざるを得ない場合，その中小企業に対して従業員所有企業になることや協同組合に事業承継させることを支援する非営利のプロジェクトであり，全米の労働者協同組合の動向にも詳しいヒラリー・アベル（Hilary Abell）が共同代表を務めている。プロジェクトの拠点はベイエリアにあるが，全米に展開され，労働者協同組合は中小企業の事業承継という観点からも注目されている。

4　ニューヨーク州における労働者協同組合の事例

　ニューヨーク州についてはニューヨーク市をとりあげる。ニューヨーク市では当時の市長であったビル・デブラシオ（Bill de Blasio，2014年～2021年）の就任後，労働者協同組合が経済格差や貧困を改善する1つの策であると考えられ，労働者協同組合に対する積極的な支援が行われるようになった（松本（2019b）67～68頁）。2014年に市議会によって労働者協同組合の発展に対する120万ドルの予算が可決された後，低所得の労働者に経済的機会を創出しようとする非営利組織による労働者協同組合開発プログラムが実施されたことからも，ニューヨーク市では自治体と労働者協同組合との連携が強まった。その他，The Worker Cooperative Business Development Initiativeのような労働者協同組合支援組織がロビー活動によって毎年市議会からの予算を増やしたり，

Urban Justice Centerのコミュニティ開発プロジェクトが労働者協同組合に法的支援を行ったり，Working Worldが資金調達や貸付などの財政的支援を行うなど，ニューヨーク市では労働者協同組合の取り組みを多方面から支援する体制が整ってきた。2014年に23団体しか存在しなかったニューヨーク市の労働者協同組合が，2018年に約80団体まで増加したことは，その成果の表れといえよう（松本（2019b）68～69頁）。そして，2021年時点では110団体と増加傾向にある（DAWI（2021））。

4-1　支援組織によるインキュベーション事業

　ニューヨーク市の労働者協同組合の連合会であるNew York City Network of Worker Cooperatives（NYC NOWC）によれば，ニューヨーク市の労働者協同組合の活動分野は，芸術，事務，子育て，清掃，コンサルティング，ペットの散歩，教育，食品，健康，高齢者介護，通訳，流通，メディア，印刷，防犯・警備，ヨガなど多岐にわたる（松本（2019b）66頁）。労働者協同組合の活動分野が多様である背景には，労働者協同組合の支援組織によってインキュベーション事業が提供されていることに1つの要因がある。

　Green Worker Cooperatives（GWC）は，サウス・ブロンクスに拠点を置き，有色人種かつ低所得者層の人々を地元や周辺地域で組織化し，労働者所有の「環境に優しい事業（green businesses）」を生み出すことで民主的な経済を構築してきた。これまでに，芸術，出産，クリーニング，コンポスト，建設，農場，ファッション，食品，通訳，デザイン，写真，テクノロジーに関する労働者協同組合が，GWCのサポートによって生まれてきた（松本（2018）62頁）。

　GWCは，労働者協同組合を生み出す方法として，2012年から「コープ・アカデミー（Co-op Academy，以下アカデミー）」を開講している。アカデミーでは，起業を希望するチームに対して5カ月間にわたる集中的なプログラムを実施し，法人化や公正な金融サービスの利用方法，協調的なガバナンスや環境に優しい実践に関する研修を行っている。GWCが各労働者協同組合の事業計画策定に導入しているのが，ベンチャー企業でよく用いられる「ビジネスモデ

ル・キャンバス（Business Model Canvas：BMC）」[12]の手法であり，プリンストン大学の報告書では，労働者協同組合用にアレンジされたBMCとして「ビジネスプランニング・キャンバス（Business Planning Canvas：BPC）」（Princeton University Woodrow Wilson School of Public & International Affairs（2013）p.8）が考案されている。

　アカデミーの受講チームは卒業後に起業するが，GWCによる会議スペースの貸し出しや法律相談，税務相談などのサポートは卒業後も継続的に行われ，このサポートがGWCでは最重要事項と位置づけられている（松本（2018）60～61頁）。継続的なサポートによってGWCにかかる費用は少なくないが，設立後の労働者協同組合が長期的に運用されていかなければアカデミーの存在意義がないという基本的な信念をもってサポートが実行されている。

4-2　支援組織による労働者協同組合開発プログラム

　USFWC（2019）の報告書では，ニューヨーク州の労働者協同組合87団体の活動分野内訳は，多い順に，ハウスクリーニング9団体，教育・子育て7団体となっている。このような内訳になった背景の1つに，2014年にニューヨーク市議会が労働者協同組合支援団体に予算づけを行った後，支援団体の中でも特に従来から移民や低所得者を支援してきた大規模な非営利組織が，ハウスクリーニングや子育て事業による労働者協同組合の設立に関わったことがあげられる。

　その大規模な非営利組織の1つであるCenter for Family Life（CFL）は，SCO Family of Services[13]の事業の一環として1978年にブルックリンのサンセットパークに開設されたセンターで，近隣に拠点を置く8,000以上の家族に社会福祉サービスを提供している。サンセットパークは，低所得の人々が多く，人口密度も高く，近年の移民の多くが居住先としてまずアクセスする地域であるといわれる。地域住民は，自己成長に必要な資源に到達することが制限されている場合が多く，CFLは家族ニーズに応える包括的なプログラムとして，カウンセリング，コミュニティセンター事業，フードバンク事業，法的・財政的

支援，そして，事業開発などを提供している。この事業の一環として実施されているのが「労働者協同組合開発プログラム」で，移民や低所得者と共に安定した生活づくりを目指して，労働者協同組合の立ち上げと継続に必要な情報，教育や技術が提供されている（松本（2019a）60頁）。2018年までに21の労働者協同組合が立ち上げられ，その１つのシ・セ・プエデ（Si Se Puede! Women's Cooperative, We Can Do It!）は，ニューヨーク市の代表的な労働者協同組合として紹介されることが少なくない。シ・セ・プエデは，2006年に15人の女性によってサンセットパークに設立されたハウスクリーニングの労働者協同組合で，80人以上の組合員をかかえるまでに成長した。

　Northern Manhattan Improvement Corporation（NMIC）は，1979年に設立された非営利の社会福祉事業団体で，120人以上の専門スタッフによって，個人や家族をサポートする総合的なプログラムから地域住民の能力開発を行うプログラムまで，さまざまな事業が実施されている。NMICでは，法律，教育およびキャリアサービス，コミュニティ組織化プログラムが主軸にあり，その事業の１つとして実行されているのが「労働者協同組合組織化プログラム」である（松本（2019a）56～59頁）。エコムンド（Ecomundo Cleaning）は，2012年３月に設立された労働者協同組合で，ニューヨーク市の住宅や企業のオフィスに，環境に優しい製品を使用した清掃サービスを提供している。もともと，NMICで英語クラスを受講している移民やDV生存者たちへの支援の一環としてはじめられた事業であった。DV生存者は生活費も稼がなければならないし，裁判所に行くための時間もフレキシブルでなければならないため，自分たちで働く時間を決められる労働者協同組合は生存者の生活に合う働き方であった。事務職員以外の20人の労働者はすべて組合員で，スペイン語圏の移民が多く，特にドミニカ共和国やエクアドル出身の女性が多い。ナニービー（NannyBee）は，同じプログラムの一環として，CFLからNMICへの呼びかけで実現することになった協働プロジェクトである。ナニービーは，保育者（ナニー）たちによって所有され運営される家庭内保育事業で，その地域に住む移民らが組合員となって支店を立ち上げ，フランチャイズ[14]のように拡大していくことを目指

している。その第1号として，2017年9月に11名のメンバーによってナニービー・アッパー・マンハッタンが設立された。

このような，移民を組合員とする労働者協同組合開発プログラムは一見すると順調に運営されているようにみえるが，独特の課題をもつ。たとえば，いままで「雇用される」という立場しか経験したことのない人たちが所有者になり，組織を経営するということは，労働に対する考え方を大きく変えなければならないことを意味し，支援組織にとってその教育は決して容易ではない（松本（2019a）62頁）。NMICやCFLでは，労働者協同組合開発プログラムのスタッフが労働者協同組合の事務スタッフの役割も兼ねることによって，組織運営や労働者の教育を支援する手法がとられている（松本（2019a）57〜59頁）。インタビュー当時，NMICでこのプログラムを実施する中核スタッフは，ニカラグアに居住した際にスウェットショップの現実を目の当たりにして，資本主義ではない経済をつくるためには協同組合が重要であることを経験して現職に就いた。CFLでこのプログラムを実施する中核スタッフは，メキシコで生まれ育ちアメリカに移住して国際問題の修士号を取得し，アメリカの地方で地域経済をエンパワーする開発プロジェクトに取り組んだ後に現職に就き，USFWCの理事も兼任している。このように開発プログラムを支える中核スタッフは，資本主義に代わる経済システムの1つに協同組合を据えた観点でプログラムをつくり，教育を行っている点に特徴がある。

5　アメリカの労働者協同組合の経営が日本に示唆すること

クリス・ライト（Chris Wright）は，アメリカの労働者協同組合の現状を分析した上で，直接民主主義の制約を3点にまとめている（Wright（2014）pp.21-22）。第1に，事業とその市場に関する「規模」である。事業規模が大きくなればなるほど官僚制が必要になる。第2に，「時間」である。民主主義的に組合員の総意によって問題を解決しようとしても，労働者協同組合にわずかな時間しかない場合は，リーダーにある程度の決定が求められる。第3に，

労働者協同組合を取り巻く「環境」である。現代の企業では，意思決定への積極的な参加よりも権限への服従の行動パターンが一般的であるため，それに同型化してしまうという点である。

　アメリカにおいて，労働者協同組合の歴史の第Ⅲ期（1960・70年代〜1980年代まで）に，レインボーのようなコレクティブ形式を採用する労働者協同組合が出現したのは，規模の問題を克服するためであった。つまり，コレクティブは，15人あるいはそれ以下を意思決定の最大人数として構成され，協同組合の参加型民主主義の考え方に最も接近するものであった（Wright（2014）p.19）。

　一方で，ライトは，Cooperative Home Care Associations（CHCA）[15]を事例にあげて，大規模な労働者協同組合はコレクティブよりも資本蓄積しやすく，自己強化サイクル（たとえば，介護トレーニングなどの教育）に資本を投下することができ，それによって提供するサービスの質を高めて，企業との競争で負けない基盤づくりができると主張している（Wright（2014）p.45）。

　労働者協同組合は，生き残りが非常に厳しいが，その中でチーズボードのように直接民主主義を可能な限り優先させるか，CHCAのように事業を強化して獲得した利益を労働者に還元することを優先させるかは，労働者協同組合の存在意義とも併せて非常に難しい選択である。

　日本の労働者協同組合も同様の課題をもつ。アメリカでは，労働者協同組合小史でも確認したように，厳しい社会環境に対して一定程度の利益を重視する形で生き残ってきた労働者協同組合も少なくない。日本の労働者協同組合も，アメリカの経験から，生き残るためには一定程度の利益を確保していく経営も欠かせないだろう。また，新しいテクノロジーを積極的に導入していく必要もあるだろう。この点も含めて，アメリカの労働者協同組合の事例が日本に示唆することをみていく。

5-1　強い組織づくり

　近年，特にベイエリアにおける労働者協同組合は，物価や地価の高騰という外部環境の悪影響にさらされ，労働者協同組合の生き残りを左右する非常に厳

しい経営環境に直面してきた。資本主義社会である限りはこのような外部環境による脅威は避けて通れない。

チーズボードでは，生活賃金の2倍が支払われても生活していくことの困難な組合員がいることがみえてきた。組合員がこの地域で生活できるような高賃金を保証するには，それ相応の利益が必要となるが，全組合員の意見を反映させながらの経営や利益獲得は決して容易ではなく，時に意思決定の迅速さが問われる場面もでてくる。全員の合意による直接民主主義を優先しすぎれば，事業機会を逃してしまったり，採用の場面では優秀な人材を獲得できなかったり，最悪の場合は廃業するといったリスクも伴う。

チーズボードは，従来から全員の合意で意思決定するプロセスが特長的な事例として紹介されてきたが，近年はチーズボードでもアリスメンディ連合でも意思決定プロセスが柔軟になってきていること，すなわち，全員の合意でなく一定要件を満たせば決定に至るように，意思決定速度も重視されていることが明らかになった。より良い人材確保に向け，人を中心に据えて1人ひとりの意見を突き合わせて徹底的に対話をする民主的な組織づくりに注力することも重要であるが，一方で事業性もバランスよく高めなければならない。「民主的な組織づくり」と「事業性」の両立というジレンマについて，事例からは，これらが両立できるような強い組織をつくるための2つの経営戦略がみられた。

◆ 事業性を高める経営戦略

1つは，外部環境による脅威に対して事業性を高めるという経営戦略である。チーズボードでは，販売するピザの種類を1つにする，顧客の声に耳を傾け商品の質を高めるという差別化による競争戦略をとってきた。アリスメンディ連合では，建設費用の高いベーカリー事業の新規出店を止めて，固定費がかからず継続的な収入が得られる業種を選択するという戦略をとってきた。

レインボーでは，チェーン展開をしないことで唯一無二の店舗づくりをおこなって強みを発揮する戦略をとってきた。また，レインボーの「ミッション」に沿いつつも，店舗周辺の多様なコミュニティ（たとえば，年齢，ジェンダー，

人種，宗教，倫理観，家族構成，健康，文化，社会に対する問題意識，そして音楽といった趣味や嗜好などに基づくコミュニティ）に関わる特定の顧客から支持されるオーガニック製品や地元産の商品を，手頃な価格で提供するという集中による競争戦略を展開することによって売上高を上げ，組合員への労働分配率を高め，生活不安を緩和してきた。

　このような戦略は，広報戦略にもつながっている。国内外の観光客は，チーズボードやレインボーに訪問した後はじめて，両組織が実は労働者の所有する組織形態であることを知ることが少なくない。両組織はピザやオーガニックフードなどの商品展開で事業強化し，世界的なネームバリューをもつ労働者協同組合へと発展してきたからこそ，それまで労働者協同組合を知らなかった一般的な顧客に対してその所有形態や働き方を伝えることが可能になっている。そして，それがまた新たな事業機会の獲得や労働者協同組合数を増やすことにつながっていく。

◆　ガバナンス戦略

　もう1つは，民主的な組織づくりを補強するためのガバナンス戦略である。労働者協同組合は労働者全員が所有者であり経営にも参加するという組織特性を活かすことによってはじめて，アソシエーションの構築主体の1つになり得る。事業性を高めながらも，組合員同士が対話のできる民主的な組織づくりがなければ，その存在意義は危ぶまれる。そこで重要になるのが，組織設計戦略としてのガバナンス（ガバナンス戦略）である。

　本書で取り上げたアメリカの労働者協同組合の事例は，労働者全員が組合員になっていることが多く，組合員は理論上，議決権を行使して意思表明する権利が付与されている。しかし，実際は，決定に納得のいかなかった組合員が不満をためる事態が生じることを否定できない。

　そこで，レインボーのように，各コレクティブに強い権限をもたせるといったガバナンス戦略によって，意思決定速度を重視しながら「民主的な組織づくり」を行う手法が考えられる。約15人で構成されるコレクティブはお互いの顔

が見えやすい人数であり，各組合員の意見を把握しやすい。沼上幹は，マズローの欲求階層説を踏まえて，企業組織を運営する上で日常的に一番重要なのは承認・尊厳欲求であり，労働者自身の有能感を満たすこと，労働者の成果を承認し尊敬するという２点が重要になってくると分析した（沼上（2003）88〜91頁）。100人を超えるコーペラティブに対して，十数人規模の小さなコレクティブの中で自分の意思を表明しやすくなれば，コーペラティブの中にも自分の役割や居場所をもちやすくなり，自己の有能感を満たすことになるだろう。

　以上のように，日本においても，労働者協同組合が外部環境による脅威を克服するためには，外部環境を分析した上で強い組織を構築する戦略を練ることが重要といえる。

5-2　政府・行政から一定距離を置くこと

　レインボーは「政治的にどのような活動をしようとも自由でいられる」ことを重視し，課税額が増えるというマイナスの側面があっても協同組合法人になることを選択した。資金調達においても，自主事業によってある程度の収入が見込めれば，委託事業に頼る必要がなく，政府・行政から独立することができる。

　ニューヨーク市では，NYC NOWC，GWC，NMIC，CFLなどの労働者協同組合の支援組織が，市からの財政的な支援を受けて，インキュベーション事業や開発プログラムを実施しているが，開発される労働者協同組合は長い目でみると行政から委託を受けるような業種ばかりでなく，多様な業種が展開されていることを確認した。ニューヨーク市では子育て分野の労働者協同組合が増えていて，一見委託を受けているように思われがちだが，アメリカの保育事業は日本のように行政からの委託や補助金を得られるわけではなく，基本的に利用者の全額自己負担であるため，ナニービーのような保育事業は自主事業収入を獲得しやすい業種といえる。GWCのアカデミーでも，自主事業収入で運営される業種を中心に労働者協同組合が設立されてきた。

　日本では，行政からの委託事業や補助金収入が総事業収入の大部分を占める

労働者協同組合が散見されるが，新自由主義においては行政による下請け化リスクを否定できず，委託事業や補助金はいつ打ち切られるかわからないため，常に事業運営に不安要素をもたなければならなくなる。政府・行政に依存しすぎない資金調達を確立することは，新自由主義に対抗するための1つの重要な要素になる。

5-3　社会的に弱い立場に置かれやすい人々の組織化

USFWC & DAWI（2019）の統計によれば，労働者協同組合で働く労働者の37.9％がラティンクス（ラテンアメリカ系），12.7％が黒人である。そして，いくつかの事例に見られたように，労働者協同組合は，昨今のアメリカにおいて，移民労働者や社会的に弱い立場に置かれやすい人々の雇用の受け皿になっていることが推測できる。ニューヨーク市では，CFLやNMICのような社会福祉サービスを本業とする大規模財団のようなインフラストラクチャー組織が労働者協同組合開発プログラムをつくり，移民労働者に対する仕事づくりの手段の1つとして，労働者協同組合による起業を提案してきた。GWCでは，有色人種かつ低所得者層を対象に労働者協同組合が組織化されている。それらは，単なる移民労働者や低所得者への一方的な仕事づくりではなく，移民や低所得者自身が起業して経営に参加することで直接的にエンパワーメントされる手段としての労働者協同組合の活用である。彼ら・彼女らが実質的に経営に参加することは，次世代の起業を生み出す可能性も秘めている。

日本においても社会的に弱い立場に置かれている人たちが主体化していくために，たとえば，従来のNPOや中小企業を支援する中間支援組織，そして，地域に根付いた社会福祉協議会などが，アメリカのインフラストラクチャー組織のように，NPOや中小企業による起業だけでなく，労働者協同組合による起業も設立メニューにいれるような動きが，今後ますます必要である。

5-4　教育を通じた経営強化

労働者協同組合をめぐる教育に関して，ベイエリアの労働者協同組合では，

設立当初から組合員の教育が重視されていた。チーズボードやアリスメンディベーカリーでは研修期間を6カ月間，レインボーでは研修期間を1,000時間と決めて，組合員の育成に十分な時間がかけられている。アリスメンディベーカリーの組合員は，アリスメンディ連合が主催する法務・財務・紛争解決・民主的参加・歴史の研修を受け，最終段階で会議研修を受ける。レインボーでは，財務・歴史・安全・顧客サービスの研修を受け，最終試験に通る必要がある。長期にわたってこのような研修を受けることが，労働者協同組合の組合員として，一定水準以上の専門知識を獲得することにつながっている。

　紛争解決，民主的参加，会議などに関する研修は，日本の労働者協同組合ではあまりみられないが，共通していることは，対話に関する専門的な教育が行われているということである。パウロ・フレイレ（Paulo Freire）は，あらゆる協同の基礎には対話がなければならないと述べた（Freire（2018）p.168,訳書（2018）331頁）。暉峻淑子は，多様な欲望が渾然としている市場社会では，対話によって，取り返しのつかない断絶が起こるのを未然に防ぎ，対話する社会への努力が，民主主義の空洞化を防ぐと述べた（暉峻（2017）253頁）。日本の労働者協同組合の職場においても，労働者同士が，そして，労働者と労働者協同組合に関わる多様な人々が，協同を深め合えるような対話の手法を学ぶことが重要である。

　一方，アメリカでは，労働者協同組合の本質について学び，その設立を加速するための教育として，BPCのような労働者協同組合のサポートプログラムが，各大学によって積極的に作られている。BPCはプリンストン大学によって提供されているが，東海岸ではコーネル大学によって協同組合企業プログラムが，ニューヨーク市立大学によってコミュニティ所有・労働者所有プロジェクトが実施されている。インタビュー当時，マンデラの中核的な組合員の1人は，マサチューセッツ大学で協同組合について学び，チーズボードやレインボーの取り組みに興味をもったことから労働者協同組合に関わり，いずれは協同組合学校をつくることを目標に活動していた（松本（2020b）111頁）。大学のさまざまな授業において，協同組合や労働者協同組合に関連する教育を受けられるよ

うになれば，労働者協同組合という形態を用いて起業する人が増える可能性は高い。日本でも，全国の高等教育機関に協同組合プログラムの講座を設置することが重要になるだろう。

5-5　他組織との協働

アメリカでは，資本主義や新自由主義がもたらすさまざまな社会課題に対して，非営利組織，中小企業，協同組合が「職場民主主義」といった言葉によって共闘している。そこには，企業における労働や職場をより良くしようとする労働組合も関わっている。ベイエリアでは，非営利組織で運営されるプロジェクト・エクイティが，中小企業の事業承継手段として労働者協同組合を選択する事例もみられた。

しかし，日本ではそのような連携が円滑に実践されているとはいえないし，いわゆる「1％」に対抗するアソシエーションが縦割りの状態にあるといっても過言ではない。労働者協同組合を含む「99％」以上が対抗しなければならないのは，世界における「1％」以下の超富裕層であり，その人々が所有しているプラットフォームであり，そのシステムに正当性をもたせている制度や政治である。労働者協同組合の組合員だけでなく，中小企業や大企業の労働者も含めた「99％」以上の人たちが共闘して，経済格差を生み出す資本主義の仕組み，機会格差を生み出す新自由主義という「政治経済的実践の理論」を学んだ上で，資本主義による生産手段の私有化，あらゆるものの商品化，そして労働力の搾取といった1つひとつのシステムを解体していかなければ，いまの仕組みは変化させられない。

労働者協同組合のプレイヤーとして資本主義に対抗する人もいれば，連帯経済や持続可能な地域コミュニティ経済のプレイヤーとして資本主義に対抗する人もいれば，企業の労働組合に属して資本主義に対抗する人もいる。今後は，そのような資本主義に対抗する多様な主体がさらに対話を深めて共闘すること，経済格差・機会格差を生み出さない資本主義に代わるシステムやオルタナティブ経済圏を，現場の中の対話から具体的に描くことが重要になるだろう。

第5章　アメリカの労働者協同組合から学ぶこと　*179*

　1980年代に，メアリ・メラー（Mary Mellor）らは，労働者協同組合が資本主義経済において生き残るためには，「市場保護」「連合組織」「支援組織」の3つが必要であると述べた（Mellor, Hannah and Stirling（1988）p.93，訳書（1992）180頁）。

　1つ目の「市場保護」の必要性については，国家による協同組合への優先的営業の支援などが考えられるが，他組織との関係性を考えると，労働者協同組合だけが優先的営業の支援を受けられるような働きかけは良策とはいえないだろう。ただ，労協法ができて間もないという意味では，地域課題を解決することを目的に，地方自治体とより良い関係性を築き，労働者協同組合の設立支援を促すことは重要といえる。たとえば，労協法人は，法人税法上の普通法人として取り扱われることから（図表4−1参照），非営利性があるといわれながらも税制優遇がないため，設立初期の収入が不安定な数年間に運営費補助金を交付するよう働きかけることなどが考えられる。2024年時点で，京都府京丹後市では労働者協同組合運営支援事業補助金，茨城県つくば市では労働者協同組合運営費補助金，広島県広島市では協同労働促進事業による労働者協同組合の立ち上げ支援事業補助金の交付が確認できる。ニューヨーク市では，2014年に市議会によって労働者協同組合の発展に対する120万ドルの予算が可決された後に，団体数が明らかに増えたことから，資金的支援の効果は非常に大きかった。政府・行政に依存しすぎない資金調達は重要であるが，日本においては，労働者協同組合の設立時や事業が軌道に乗るまでの数年間に，地方自治体から資金的支援を受けられるかが，今後の発展にとって重要になる。

　2つ目の「連合組織」の必要性については，特に小規模な組織を支援するための連合組織の形成が重要になる。日本では，労協連のような全国規模の連合会はすでに形成されているが，各事業所が設立されている地域（都道府県あるいは広域圏レベル）で連合組織をつくることや，事業分野ごとに連合組織をつくることも，その発展には必要だろう。

　3つ目の「支援組織」の必要性については，塚本一郎も，ビアトリス・ポッター・ウェッブなどの議論を参照し，労働者協同組合が失敗する原因の1つと

して，適切な支援環境の欠如をあげた（塚本（1993）23頁）。支援環境については，他の協同組合や労働組合，政府や行政，そして，労働者協同組合同士の適切な協力・支援関係が重要であることが示唆されている。アメリカの事例に学べば，労働者協同組合や協同組合の支援組織だけでなく，時には，NPOや中小企業の支援組織から，労働者協同組合の設立支援，事業支援，法的支援などを受けられる仕組みを構築できるかが，今後の発展において重要になる。また，大学との連携も重要になるだろう。

[注]

1　1970年代後半～1980年代にかけて従業員株式所有制度（Employee Stock Ownership Plan：ESOP）も数多く出現した。

2　その後，DAWIから発行された報告書によれば，労働者協同組合数は，2021年に612（DAWI（2021）），2023年に751（DAWI（2023））に増加している。

3　本報告書には，労働者協同組合のほかにマルチステイクホルダー型の生協，非営利組織，民主的ESOPなど，職場民主主義を実践している組織が包含されている。

4　その後，DAWIから発行された報告書によれば，2021年の労働者協同組合数の所在地は多い順に，1位「ニューヨーク州（110団体）」，2位「カリフォルニア州（99団体）」，4位「マサチューセッツ州（53団体）」という結果であった（DAWI（2021））。いずれも労働者協同組合の数が増加している。

5　本書で紹介する労協の事例は，USFWCの会員一覧表「Directory of USFWC Member」https://usworker.coop/member-directory/，あるいは，地域の労協支援団体の会員組織になっていることを選定基準とした。

6　Democracy at Work Instituteウェブサイト「AB816 Update Worker Cooperative Law Passes in the California State Assembly」http://institute.usworker.coop/sites/default/files/AB816.pdf，参照。

7　アメリカでも他国と同様に，協同組合運動は協同組合にとって適切な法制度を獲得するために闘ってきた歴史がある（Curl（2012）p.9，参照）。

8　カリフォルニア州の労協法（議員立法）の原案は，USFWC，Network of Bay Area Worker Cooperatives，Democracy at Work Institute，Sustainable Economies Law Centerをはじめとする25の労協関連団体によって作成された。

9　生産・製造，農業を除いたベーカリー，ケータリング，グローサリー，レスト

ラン・カフェ・バーの合計である。

10　2021年2月8日および11月7日時点では，エリアを限定して宅配を行っていることが団体ウェブサイトで確認できた。コロナ禍の影響によるものと考えられる。

11　レインボーの「ミッション」（https://rainbow.coop/about-rainbow/）には，公正で民主的な職場で働くという組合員向けの組織目的だけでなく，「生態学的・社会的な影響を最小限に抑えた手頃な価格のベジタリアン食品を提供すること」，「可能なかぎり地元の有機農家や地元企業から商品を購入すること」といった顧客向けの組織目的も含まれ，行動指針に近いといえる。

12　BMCは，その開発者のAlexander Osterwalderが創設者の1人となっている「Strategyzer」ウェブサイト「The Business Model Canvas」https://strategyzer.com/canvas/business-model-canvasよりダウンロード可能である。BMCの活用方法もウェブサイトに掲載されている。

13　SCO Family of Servicesは，ニューヨーク市を中心に，さまざまな社会福祉サービスを100年以上も提供している大型の私立財団（Private Foundation）である。

14　同じ団体名を使用してブランディングしたり事業ノウハウを共有したりするが，本当のフランチャイズのようにそれに対する対価を誰かに支払うことはない。

15　CHCAは，ニューヨーク市ブロンクスで活動する労働者所有の在宅ケア組織である。1985年に12人のヘルパーによって設立され，2012年に「B Corporation」の認証を受けている。組織目的は，①高齢者，病人，障害者に対して信頼性と質の高い在宅のヘルス・ケアサービスを提供すること，②採算のあがる労働者所有の会社を構築することで可能な限り高い賃金を実現すること，③ヘルスケア業界の一員として成長することで労働者に労働の機会を提供することである。2013年の労働者は2,300人，そのうち所有・労働者（組合員）は1,110人である（Abell（2014）p.6）。CHCAウェブサイト（https://www.chcany.org/about）によれば，2024年の労働者数は1,600人と表記され，労働者数が減少していることがわかる（アクセス日は2024年8月13日）。構成員数では，アメリカで最大規模の労働者協同組合であることに変わりない。ただし，組合員ではない構成員が多いことや同業のケア団体とのネットワークも強いことなどから，純粋な労働者協同組合というよりはマルチステイクホルダー型の組織に近いといえる。

[第5章・引用文献]

・Abell, H.（2014）*Worker Cooperatives: Pathways to Scale*, The Democracy

Collaborative.

・Curl, J.（2012）*For All the People: Uncovering the Hidden History of Cooperation, Cooperative Movements, and Communalism in America（Second Edition）*, PM Press.

・DAWI（2017）*Legacy Business: Our opportunity to build wealth, economy, and culture.*

・DAWI（2021）*State of the Sector: Worker Cooperatives in the U.S.*

・DAWI（2023）*State of the Sector: Worker Cooperatives & Democratic Workplace in the U.S.*

・Freire, P.（2018）*Pedagogy of the Oppressed: 50th Anniversary Edition.* Bloomsbury Academic.（三砂ちづる訳（2018）『被抑圧者の教育学（50周年記念版）』亜紀書房。）

・Jackall, R. and Levin, H.M.（1984）*Worker Cooperatives in America*, University of California Press.

・Mellor, M., Hannah, J. and Stirling, J.（1988）*Worker Cooperatives in Theory and Practice*, Open University Press.（佐藤紘毅・白井和宏訳（1992）『ワーカーズ・コレクティブ―その理論と実践』緑風出版。）

・Nichols, J.（2012）*Uprising: How Wisconsin Renewed the Politics of Protest, from Madison to Wall Street*, Nation Books.（梅田章二・喜多幡佳秀監訳（2012）『市民蜂起―ウォール街占拠前夜のウィスコンシン2011』かもがわ出版。）

・Schlachter, L.H.（2017）Stronger Together? The USW-Mondragon Union Co-op Model, *Labor Studies Journal*, Vol.42, Issue2., pp.124-147.

・Princeton University Woodrow Wilson School of Public & International Affairs（The Woodrow Wilson School's Graduate Policy Workshop）（2013）*Working and Rebuilding Together: Worker Cooperatives as an Economic Development Tool.*

・USFWC（2019）*Worker Co-ops & Democratic Workplaces in the United Sates.*

・USFWC & DAWI（2019）*Worker Cooperatives in the United States.*

・Wright, C.（2014）*Worker Cooperatives and Revolution: History and Possibilities in the United States*, BookLocker.Com.

・宇津木朋子・田辺紀子・中村浩子・古沢広祐（1987）『もうひとつの暮らし・働き方をあなたに［ワーカーズ・コレクティブ入門]』協同図書サービス。

・大谷正夫・堀越芳昭・坂林哲雄（1999）「アメリカ・カナダ協同組合運動の新しい

息吹—協同組合の実態と法制の調査（1998年7月）」『協同の發見』82号（1999年1月号別冊）。

・塚本一郎（1993）「労働者協同組合における労働者統制の意義—ウェッブの生産者協同組合批判に関連して」『大原社会問題研究所雑誌』417号，19～34頁。

・暉峻淑子（2017）『対話する社会へ』岩波書店。

・沼上幹（2003）『組織戦略の考え方—企業経営の健全性のために』筑摩書房。

・古沢広祐（1987）「もうひとつの経済，もうひとつの社会の出現—コープ・コレクティブの今日と明日」宇津木朋子・田辺紀子・中村浩子・古沢広祐『もうひとつの暮らし・働き方をあなたに［ワーカーズ・コレクティブ入門］』協同図書サービス，219～256頁。

・松本典子（2018）「ニューヨーク市における労働者協同組合の現状① Green Worker Cooperatives」『協同の發見』312号，56～65頁。

・松本典子（2019a）「ニューヨーク市における労働者協同組合の現状② NMICとCFL」『協同の發見』314号，55～62頁。

・松本典子（2019b）「ニューヨーク市における労働者協同組合の現状③ NYCNOWC」『協同の發見』316号，65～69頁。

・松本典子（2019c）「サンフランシスコ・ベイエリアにおける労働者協同組合の現状①」『協同の發見』325号，55～62頁。

・松本典子（2020a）「サンフランシスコ・ベイエリアにおける労働者協同組合の現状②」『協同の發見』326号，78～86頁。

・松本典子（2020b）「サンフランシスコ・ベイエリアにおける労働者協同組合の現状③」『協同の發見』328号，100～112頁。

・丸山茂樹（1981）「アメリカの"新しい波"・（上）」『社会運動』20号，8～13頁。

第 6 章

新たな労働者協同組合の台頭と連帯経済や市民まちづくりから学ぶこと

2020年初頭に起きた新型コロナウイルスの感染拡大は，私たちに「本来の生活とは何か」「生活に寄り添いながら地域をより豊かにする働き方とは何か」について考えるきっかけを与えた。奇しくも，2020年9月に，斎藤幸平の『「人新世」の資本論』が出版され，現代の資本主義システムに対する疑問に答える良書が幅広い世代に読まれるようになったのと同時に，労働者協同組合という働き方も紹介され，その働き方に興味をもつ人々が増えた。さらに，2020年に労協法が成立した後，さまざまな地域で，労働者協同組合や協同労働に関するセミナーが相次いで開催された。セミナー参加者の中には，自分たちの生活と働き方を見直し，仲間と共に地域課題を解決するために，労協法人を選択しようと考える人々が増加した。

労協法人を実際に立ち上げた人々の多くは，これまでの働き方と比較して，「賃労働」でない労働，「構想」と「実行」が統一された労働，また，「会社本位」でない労働が実現できる可能性の高い労働者協同組合に関心をもっている。さらに，社会に役立つ働き方を考えている人々も少なくない。

第5章までは，労働者協同組合が直面する複数の課題についてその解決策を探ってきた。本章では，労協法の機能面を強みと捉えて設立された新たな労協法人の事例を紹介し，これまでには見られなかった労働者協同組合の発展可能性について考察する。

また，労働者協同組合の発展には，地域自治や住民自治を推進してきた人々だけでなく，これまで社会運動や協同組合に関心のなかった「無関心型住民層」を巻き込むことが重要な要素だと考える。そこで，連帯経済や「オルタナティブ経済圏」「ローカル経済圏」，さらに，「市民まちづくり」による「コモン」の取り組みを確認することで，労働者協同組合が広がるために必要な経営についても考察し，本書を締め括りたい。

1　新たな労働者協同組合の台頭に学ぶこと

2022年10月の労協法の施行以降，すべての労働者が経営も担うという機能面に注目し，設立された労協法人の事例をいくつか紹介する[1]。

◆　高齢者介護／本来の労働のあり方の追求

労働者協同組合うつわ（大阪府大阪市）は，社会福祉法人が運営する訪問介護事業所で働いていた4人（管理者1人，サービス責任者2人，ヘルパー1人）によって設立された。4人が以前の事業所で働いていた時は，安定した収入が得られる一方，理想的な介護を行いたくても法人の方針に従わなければならず，理想とする介護を実現することができなかった。4人は法人の立ち上げを検討する中で，職場の同僚から労協法が施行することを聞き，大阪府の労働者協同組合セミナーに参加して，労働者協同組合の特徴を知った。労協法人であれば，志を同じくする仲間と話し合いながら，自分たちの求める質の高いサービスや細やかなケアが提供できるのではないかと感じて，2023年3月に労協法人格を取得した。

◆　小規模多機能自治／地域の困りごとへの対応

労働者協同組合うんなん（島根県雲南市）が設立された島根県雲南市では，全地域が過疎地域に指定される中，多様な主体によるまちづくりや地域住民の主体性発揮の観点から，小規模ながらもさまざまな機能をもった住民自治の仕

組みである「小規模多機能自治」が推進され，小学校区ごとに地域自主組織が設立されてきた。2006年に鍋山地区で設立された地域自主組織「躍動と安らぎの里づくり鍋山」は，公民館・自治会・福祉委員会・体育協会・まちづくりグループ・老人クラブ・小学校・PTA・消防団・交通安全協会・郵便局など，多種多様な団体が参加して設立された。地域のニーズに応じた活動が展開される中，事業は次第に拡大した。しかし，予算規模の増加に伴う運営負担の増加や担い手不足，法人格がないために契約が難しいなどの課題が浮上した。そこで，法人化が検討され，小規模多機能自治推進ネットワーク会議で交流のあった労協連や市役所の関係者と検討を重ね，2024年2月に労協法人格を取得した。地域自主組織から労協法人に移行した事業は，温泉の施設管理，草刈り・剪定・農作業・墓掃除など地域の困りごとのサポート事業，農用地保全，住民移動支援事業，水道検針事業，農特産品の集出荷・加工・販売事業，事務処理代行事業，中古物品の回収と売買事業など多岐に渡る。

◆ **子どもたちの居場所づくり／仲間と共に働くことの重視**

　労働者協同組合こども編集部（兵庫県神戸市垂水）は，カメラマン，ライター，イラストレーター，広報，建築，会計などの本職をもつ7人によって，子どもの居場所づくりを目的に，2023年3月に労協法人として設立された。子どもたちの編集部活動にはじまり，キャリア教育，地域部活動，地域食堂などの事業を実施している。編集部活動では，企業や行政から依頼を受け，地域情報誌やWebデザインなどの制作・発信を行うが，子どもたちが主体で，大人はサポーターという位置づけになっている。こども編集部は，子どもたちの編集部活動を通した「体験学習」を，単なる習い事や一方通行的なサービスにしないこと，たくさんの子どもたちに格差なく届けることを目標にしている。

◆ **IT事業／本来の労働のあり方の追求**

　TNG労働者協同組合（神奈川県湯河原町）は，ITのシステム開発を主要事業にする労協法人として，2022年11月に設立された。組合員は9人で，そのう

ち3人は外国に居住する外国人である。代表の工藤靖顕は立ち上げの動機について，「金融系大企業のシステム開発に長年携わってきたが，以前から何か違和感があった。その原因が，自分の意見が出せないことにあるとわかり，解決策を模索する中で労働者協同組合というやり方があることを知り，協同総研の支援を受けて立ち上げた」と紹介している[2]。TNGは，世界のIT系労働者協同組合のグループ「PATIO」のメンバーにもなっている。

◆　地域資源の活用／仕事の創出

　Camping Specialist労働者協同組合（三重県四日市市）は，2021年からキャンプ好きな仲間たちがNPO法人を設立し，キャンプ場を運営していたが，利用者が増加して活動が拡大し運営に関わる仲間も増える中で，価値観を共有できる仲間と共に働きたいという気持ちが芽生えたメンバーによって，NPO法人とは別に，2022年10月に労協法人が設立された。キャンプ場の運営や野外活動を通じて，荒れ地を持続可能な愛される土地に変え，多様な仕事が生まれることで，あらゆる人々に価値を創出することを目指して活動を続けている。Instagram（@oretachino_camp）で予約ができることや，細やかな情報発信によって，利用者は増えている。

◆　漁業・食・清掃／第一次産業や地域資源の活用

　労働者協同組合かりまた共働組合（沖縄県宮古島市）が設立された狩俣地区は，少子高齢化の進む過疎集落で，伝統継承が困難になったり空き家が増えるなど，課題が山積していた。そこで，狩俣自治会の課題解決に当たる実働部隊として，主婦，漁師，シェフ，一級建築士，自治会役員などから成る7人によって，2022年12月に労働者協同組合かりまた共働組合が設立された。

　3チームで事業を展開し，「むすびや」チームは，お弁当配食や地域行事の際のオードブルの提供などを，「いんぱり（宮古言葉で「海」と「畑」の意味）」チームは，モズク（出荷調整による廃棄分）の直売や廃棄予定魚（雑魚）の加工販売などを，そして，「ばぎだま（宮古言葉で「分け合い」「支え合い」の意

味）」チームは，地域清掃活動，キャンプ場の運営や研修視察の対応などを，それぞれ担当している。

◆ 店舗経営・商品開発／環境問題の解決

労働者協同組合プラスチックフリー普及協会（神奈川県藤沢市）は，環境活動家でありプロダイバーの武本匡弘の思いをもとに設立された。気候変動や海洋汚染を引き起こす過剰な消費社会と，それを可能にしている労働環境や経済構造にアプローチする活動をはじめ，2019年から「エコストアパパラギ」を運営している。パパラギでは，プラスチックフリー製品をはじめ，安心・安全な生活用品や食材の量り売りの販売を行っている。以前から，上下関係がなく，働く人の主体性を育む組織をつくりたいと考えていた武本は，2020年の労協法の成立後に，パパラギのスタッフと労協法の勉強会を重ね，2023年5月に労協法人格を取得した。労協法人では，パパラギの運営に加え，環境やプラスチックフリーに関するワークショップや商品開発が行われている（荒井（2023）27〜28頁）。

◆ クリエイティブ事業／本来の労働のあり方の追求

労働者協同組合創造集団440Hz（東京都新宿区）は，不登校を経験した若者たちが通うフリースクール（現，雫穿大学）で出会った仲間が集まり，人中心の学びやお互いを大事にしながら，自分たちらしく働ける場をつくろうと，2010年に株式会社として設立された。映像制作やデザイン，ホームページの作成，配信事業などに取り組んでいる。どんな発言も否定しないで受け止める関係づくり，お互いの辛さや大変なことを書く「日報の取り組み」などを通したミーティング，また，お互いの人生を応援する当事者研究「自分からはじまる研究」などにも取り組んでいる。4人のメンバーで意見を出し合って，それぞれの人生を大事にして働きたいという想いから，2023年6月に労協法人格を取得した。

◆　造園業／コモンを創出

　労働者協同組合キフクト（神奈川県大和市）は，フルタイムで園芸職に従事している人，15年の現場経験をもつガーデナー，農大出身のガーデンデザイナー，アーティスト，住宅メーカーに長年勤務した人，生協での活動経験者，鍛冶職人の7人によって設立され，2023年4月に労協法人格を取得した。キフクトの組合員は，近年の新自由主義が共同体の解体を加速し，格差の拡大と個人の社会的孤立を引き起こしていると感じ，コミュニティ再生の一環として，斎藤幸平が提唱した「コモンの再生」の実践として，労働者協同組合を設立した。労協法人を選択した理由は，フリーランスの不安定さと，組織に属して働く不自由さを解決できる可能性にある。現在の主な事業は，戸建て住宅の庭園設計や施工，手入れなどである。

◆　遊ぶように働く，仲間と共に働く／地域の役に立つ

　労働者協同組合アソビバ（兵庫県豊岡市）は，地域おこし協力隊の現役・卒業メンバー3人によって設立され，2023年5月に労協法人格を取得した。法人設立のきっかけは，メンバーの1人が，地域おこし協力隊員として豊岡市内で「森のようちえん」の立ち上げ・運営の支援に携わった際，受け入れ団体のセンター事業団但馬地域福祉事業所に出会ったことにある。現在は，兵庫県豊岡市を拠点に，マルシェなどの地域イベントの企画・運営，木工品や加工品の販売，パンフレットやホームページ制作などの事業を行っている。メンバー3人は，それぞれメインの仕事をもちながら，副業として活動を担っている。「遊びのように楽しいことをやって，それが地域の役に立つと良い」という思いで活動している（利根川（2023）47〜48頁）。

　図表6-1は，2022年10月以降に労協法によって設立された事例や，ワーカーズコープやワーカーズ・コレクティブとして運営されてきた事例（第2章の事例）を踏まえて，日本における労働者協同組合が，どのような理由（経済的・社会的動向）に対して，どのような目的で労働者協同組合を設立しようと

第6章　新たな労働者協同組合の台頭と連帯経済や市民まちづくりから学ぶこと　*191*

$$\boxed{\text{図表6-1}}\quad\text{労働者協同組合の類型}$$

経済的・社会的動向と 労働者協同組合の目的	労働者協同組合の類型
◆経済的不況・失業率の上昇 　→仕事の獲得や創出	◆就労機会創出型労働者協同組合
◆過疎・高齢化と地域経済の衰退 　→第一次産業や地域資源の活用 　→シニアの仕事づくり 　→地域の困りごとへの対応 　→住民自治による主体性の向上	◆地域活性型労働者協同組合
◆資本主義システムへの対抗 　→賃労働に対して本来の労働のあり方 　　を追求 　→商品化に対して社会的有用物を創出 　→私的所有に対してコモンを創出 　→環境問題の解決 　→地域課題・社会課題の解決	◆オルタナティブ型（イデオロギー重視 　の）労働者協同組合 　※収益性・事業性を犠牲にしても，協 　　同組合原則を堅持する傾向がある 　※連帯経済を重視する労働者協同組合 　　へ発展する可能性がある ◆課題解決型労働者協同組合
◆働く動機の変化 　→仲間と共に働くことの重視 　→シニアの生きがいの重視 　→副業や兼業の一手段	◆参加重視型労働者協同組合 　※民主的な意思決定の発展を堅持する 　　傾向がある 　※仲間を重視する労働者協同組合の場 　　合，目的を最初から固定するのでは 　　なく，プロジェクトに共感した仲間 　　とその都度仕事に取り組むことを重 　　視する傾向もある
◆廃業 　→労働者の保護や事業承継	◆蘇生型労働者協同組合

出典：Mellor, Hannah and Stirling（1988）pp.63-65; Table5-7，訳書（1992）127頁・表5
　　～7を参考にしながら，筆者作成。

したか，そして，その類型を試論的に一覧にしたものである。

　従来のワーカーズコープは，就労機会創出の役割が強かったが，近年は各地
の事業所が運営される地域の課題を解決しようとする，課題解決型の取り組み
も増えてきている。

従来のワーカーズ・コレクティブは，オルタナティブを目指す意味合いが強く，収益性・事業性を犠牲にしても協同組合諸原則を堅持（イデオロギーを重視）する組織が多かったが，近年は，活動する地域の多様な団体と協働することによって，オルタナティブ経済圏，さらには「連帯経済」を生み出そうという動きも強まっている。

一方，新たに設立された労協法人の中には，地域の困りごとへの対応，住民自治による主体性の向上，環境問題の解決，「コモン」の創出，シニアの生きがいを重視した創業，そして，仲間と集まることを最優先にし，目的はその都度組合員と共に考えていく労働者協同組合などが設立されはじめている。また，これまでの労働者協同組合は，行政からの委託を受けて介護や子育て関連のケア労働を担う団体も多かったが，新たな労協法人の事業内容は多彩で，事業性を重視する団体も現れはじめた。そこには，今後の労働者協同組合の発展可能性のヒントがあるように思われる。

しかし，NPO法人は施行から13カ月で1,747団体が設立された[3]のに対し，労協法人は施行から14カ月で67団体の設立にとどまり，その数は決して多くない[4]。その理由はいくつか考えられる。

1つ目に，税制度や法制度に関する課題である。NPO法人は，非営利法人の中でも設立要件が緩やかであり，さらに，非営利目的かつ公益目的の本来事業については非課税という特典がある。それに対して，労協法人は，準則主義によって設立は簡易に行えるものの，税制優遇がない（**図表4-1参照**）。特定労働者協同組合に認定されれば税制優遇を受けられるが，労協法が十分に認知されていない自治体では，自治体からの委託事業を受けにくいという現実があり，非営利法人としての認知度が高いNPO法人を選ぶ団体も少なくない。

2つ目に，労協法人では事業に従事する者の4分の3以上が組合員であること，そして，組合員は労働契約を締結する必要があることから，企業などの雇用労働者が活動に参加することが難しいケースがあげられる。これは単純に，企業が従業員の副業・兼業を認めれば解決できる問題ではない。労働者保護が十分に行われないまま副業・兼業を進めると，労働時間に制限のないフリーラ

ンスを増やす方向に議論が進む恐れがある。しかし，現状のままでは「賃労働」で働く人たちの働き方を変えることは難しい。そこで，企業労働や公務労働における労働時間の短縮を検討することが必須になる。労働時間の短縮によって，労働市場に奪われていた時間とエネルギーを人と人との交流や対話に費やすことができるようになれば，民主主義を醸成する時間を増やし，学習時間も生み出せるようになる（稲垣（2019）46頁，参照）。労働時間の短縮については，企業などの労働組合との連携が欠かせない。

　3つ目に，人間らしい生活や労働を取り戻し，人間力を回復するための手法として，労協法人ではなく，他の法人格を選択するということである。たとえば，自律分散型経営，ティール組織，アメーバ経営など，従業員の主体性を引き出すような手法によって経営される会社や，3人前後の代表が共同代表制を取り全員が社長として意思決定に関わるような組織も増えている[5]。労協法人でなくとも「協同労働」を実現することは可能であり，実際に，一般社団法人，株式会社，合同会社，あるいは，NPO法人などを通じて運営されてきたワーカーズコープやワーカーズ・コレクティブは数多く存在し，現在も他の法人格のまま「協同労働」を目指す組織は少なくない。

　第4章3－3「労働者協同組合法の課題」でも述べたように，労働者の自立性や主体性が発揮されない場合，それは本来の労働者協同組合とはいえない。そのため，必ずしも労協法に囚われる必要はなく，株式会社であっても，自立性や主体性を引き出す運営は可能といえる。ただし，労働者全員がお互いに尊厳をもって意見を交わし合いながら働くために，「協同組合原則」を踏まえた運営が重要になる。この原則に基づけば，労働者同士の対等性を担保できる可能性は高い。協同組合原則では，自発的であること（第1原則）と組合員による民主的管理と平等の議決権をもつこと（第2原則）が指針とされている。協同組合原則は，全世界共通の原則であり，その指針に基づいて運営される組織は「コープ」という言葉でつながることができる。また，協同組合の「価値」の中でも，「他者への配慮」は重要な信条になる。なぜなら，「自己成長」を過度に強調し，労働者の自発性を引き出す経営が「自己搾取」につながるリスク

があり，それを避けるためには，協同組合における相互扶助や他者への配慮を前提とし，その上で自主性や主体性を発揮するような経営を行うことが，より重要になるからである。

4つ目に，協同組合の運動性の強さが考えられる。協同組合の特徴の1つは，「事業体」でありながら「運動体」という性格にある。この運動性は，相互扶助を基礎にすることで，労働者同士が尊重し合えるような経営判断の実現可能性を高める。つまり，協同組合は単なる事業体にとどまらず，運動体でもあることが，大きな強みといえる。また，協同組合は，その組合員としての責任を受け入れる意思のあるすべての人々に対して開かれている組織である。この開かれた性格は，多様な人々が参加し，共に運営していくための重要な要素であるが，その一方で，組合員主体のメンバーシップ型の組織運営は閉鎖的になりがちでもある。協同組合の強みとも捉えられるその運動性の強さに対して，あえて，運動性を避けるために労協法人や労働者協同組合の設立を選択しない人々もいる。今後の発展には，労働者協同組合がいかに地域に開かれた組織になれるかが重要になる。

近年，協同組合原則のコミュニティへの関与（第7原則）が各地で進み，労働者協同組合も地域に開かれ，さまざまな主体と共に，地域に変化を与えてきた。

多様な主体との連携に際して，人間は，自分を守るために本質的な論点から逃げる傾向にあることを自覚しておく必要がある（仲正（2018）220頁）。たとえ対立的な意見であっても，相手の考え方を原理から把握することによって，本当の連携が実現するだろう。

労働者協同組合にとって，多様な主体と共にオルタナティブ経済圏を形成していくことは，今後の発展においてますます重要になる。新たな労働者協同組合は，地域コミュニティの多様な主体を巻き込み，協働することによって，その事業と運動を広げていることを確認した。そして，今後さらに，労働者協同組合の事業と運動を広げていく際に参考にしたいのが，「連帯経済」の概念と「市民まちづくり」に関する新たな取り組みである。

2　連帯経済が広げる労働者協同組合の可能性

　「連帯経済」[6]の概念は，20世紀末から南欧諸国やカナダを中心に社会的経済や社会的連帯経済の議論を通じて用いられるようになった。21世紀に入ってからは，ラテンアメリカ諸国や新自由主義路線が継続する国々においても，労働者や住民，あるいは，社会的弱者と呼ばれながら実質的にこれまで政府からその存在さえ認められてこなかった人々，共同体やコミュニティ組織に属する人々が，尊厳ある暮らしを求めて，さまざまな抵抗あるいは生存戦略のために連帯経済の制度化や運動を展開してきた（幡谷（2019）ⅰ～ⅱ頁）。

　連帯経済は，市民同士の相互的な深い関わりを基盤にして，経済の民主化に貢献する経済活動の集まりである（Laville（2007）p.279，訳書（2012）310頁）。また，連帯経済は，新自由主義的思想に立脚した経済発展モデルに対抗し，ローカルな実践を通じてオルタナティブ経済を模索するものであり（幡谷（2019）ⅰ頁），連帯経済に基づくということは，資本主義における私企業の営利目的に基盤を置かないという意味であり，既存の経済体制において社会的疎外に苦しむ弱者を社会に取り込もうとする運動でもある（幡谷（2019）3～4頁）。市場経済が，雇用を保障する主要な要素とならないのならば，市場経済に加えて，集合的ニーズを満たすために，それとは異なるルールに従う経済活動を組織することが必要であり，その活動は，国あるいは地方自治体を後ろ盾にした再分配の資金によって組織されねばならないとの主張に結びつく（Laville（2007）p.288，訳書（2012）320頁）。

　利益や効率性が重視される市場経済では，生きづらさを抱えた人たちの社会的包摂は難しい。生きづらさを抱えた若者，障害者，そして，生活困窮者らが生きやすい社会とは何かを考える必要があることに加え，そのような人々にとっては，就労・就業することだけが自立ではなく，生活面や精神的な自立も含めて，多様な側面から1人ひとりに寄り添い，時には支援することが必要になる。支援する際，そのような人々が生活する地域において，多様な主体と連

携することによって，地域コミュニティに包摂されることが欠かせない。最終的には，一方的な支援ではなく，そのような人々も含めて，共に生き，共に働くという視点が重要になる。それを実現するためには，市民同士の相互的な深い関わりを基盤にし，経済の民主化に貢献する経済活動の集まりという「連帯経済」の概念を活用することが重要である。これにより，新しい地域コミュニティを創造し，多様な人々が地域社会に包摂されることが可能になり，その実現に向けて大きな効果が期待できる。

　日本でいえば，「市民連帯経済つながるかながわ」や「はたらっく・ざま」のような実践を通じて，オルタナティブ経済を模索しようとする動きは，まさに連帯経済と位置づけられるだろう。このような取り組みにみられるように，生活を基盤にして相互に協同し合うネットワークの一環に労働者協同組合を位置づけ，市民による生活のネットワークの拡大をはかる運動を各地域で進めることが，さらなる労働者協同組合の発展につながるといわれる（佐藤（1996）100頁）。

　連帯経済は，フェアトレード，ラテンアメリカの民衆運動，北米のコミュニティ運動，ヨーロッパの近隣サービスといったコミュニティ（開かれたコミュニティ）形成プロジェクトであり（北島（2016）22〜24頁），そこにはさまざまな主体が関わってくる。経済の民主化に貢献する経済活動の主体は，決して協同組合だけではない。協同組合やNPOをはじめ，労働組合，自律分散型の経営を行う会社，地元での雇用を積極的に進める中小企業や小規模事業者，地域とのつながりを大切にしながら自立的・主体的に働くフリーランス，自治会や町内会，学校やPTA，病院や診療所，農業・漁業・林業などの一次産業に携わる人々，自治体など，さまざまな主体が連帯経済に含まれることになる。日本でいえば，企業セクターで働く人も，政府・行政セクターで働く人も，市民活動セクターで働く人も，さらには，その地域で生活する住民すべてが，市民として連帯経済の中で経済活動に参加する可能性がある。

　一方，自らの労働所得で生活する市民と，株式市場の力学によって栄える資産の恩恵に属する市民の間の不平等の問題は，連帯経済（社会的・連帯経済）

第6章　新たな労働者協同組合の台頭と連帯経済や市民まちづくりから学ぶこと　*197*

が奨励する地域的互酬性[7]のうちには解決策を見いだせないともいわれ（Boyer
(2023) p.96, 訳書（2023）120頁），累進税制や公共サービスの利用をめぐる
問題については，行政あるいは政府に，継続的に民主化を求める働きかけが重
要になる。

3　市民まちづくりが広げる労働者協同組合の可能性

　NPO法の施行から四半世紀が経過したいま，市民活動セクターではさまざ
まな変化が起きている。1つは，NPOをはじめとする市民活動セクターの担
い手不足である。1960年代，古い共同体から解放された多くの住民には，新し
いコミュニティの形成が期待されてきたが，実際はなかなか地域課題解決の主
体にはなりえず，多くの場合は「無関心型住民層」として埋没していくと指摘
された（小山（2018）8頁，国民生活審議会調査部会編（1969）2〜3頁）。
実際，いまも多くの住民が地域のことに無関心であり，市民活動の担い手不足
は深刻である。

　それに対するもう1つの変化として，都市部でも地方でも，これまで地域に
関心のなかった住民が参加できるような場所がシェアされ，人と人とがつなが
ることのできる手法が発展してきた。そこに偶然参加した住民が，地域のこと
を自分事として考えられるように変化してきている。

　また，新型コロナウイルス感染症の流行後，日本社会は大きく変化した。い
ままでは，社会的孤立の対象にはならなかった人々にも社会的孤立が生じるよ
うになり，人と人とのつながりを求める人が増え，自分の生活や働き方を見直
すようになった。すなわち，これまでの市民活動とは異なる角度で，新しい動
きが広がるようになった。地域にある小さな綻びに疑問をもつ人々が，地域の
人々とのつながりを活かして課題を解決しようという取り組みや新たなコミュ
ニティが生まれている。これはまさに，新たな市民の増加ともいえるだろう。

　新たなコミュニティの広がりを労働者協同組合に応用することは，その可能
性を広げることにつながる。そこでいくつかの取り組みをみておきたい。

◆ 多様な居場所と場所のシェアという仕組みづくり

2010年ごろから，人々が自ら考えて行動する「まちの居場所」（山崎他（2021）125頁）が全国各地に増加してきた。特に，空き家や空き地など，地域に眠る遊休資産を活用して住み開きをしたり，リノベーション[8]を施して地域づくりを行うといった手法を導入する取り組みが広がっている。リノベーションは，新築に比べて費用や環境負荷を低く抑えることができるだけでなく，DIYを取り入れて地域の人たちと内装を改変することなどによって，自らが地域づくりに関わっていることを体感できるという利点がある。

まちの居場所にはいくつかの種類がある。

「コミュニティカフェ」は，地域においてたまり場や居場所になっているところの総称である。子ども食堂や定期的な講座などのイベントが開催されることも多く，同じ地域に暮らすさまざまな世代や立場の人々が知り合える場であると共に，社会的孤立に陥りやすい高齢者や子どもの支援が行われる場にもなっている。

「コワーキングスペース」は，さまざまな年齢，職種，所属の人たちが空間を共有しながら仕事を行う場所のことで，他の人たちと協働することによる効果を期待する人たちによって構成される，コミュニティに価値をおいた空間である。異業種間交流によって新しいアイディアが生まれることも期待され，交流を促すイベントが実施されることが多い。

「コミュニティガーデン」は，コミュニティの人々がつくって手入れする庭のことで，道路予定地の暫定利用や公共用地の跡地といった行政の遊休地などを，地域コミュニティと行政が企画して設置されることが多い。植栽や菜園といった共同作業を行うことでコミュニティにつながりが生まれることが期待される。

「マルシェ」は，フランス語で市場のことを意味し，地域の生産者と消費者が直接交流できる物品販売イベントである。マルシェの企画者との交流も含めて，地域づくりを考えるきっかけになることが期待される。

このような「まちの居場所」も含めて，地域課題解決のために，関係者が集

まり，水平な立場で対話と協議をする場として「まちづくりプラットフォーム」がある（まちづくりプラットフォーム研究会編（2022）16頁）。具体的には，行政，企業，市民，大学が連携して地域課題解決に取り組む拠点である「アーバンデザインセンター」，企業や自治体などの組織が多様なステイクホルダーとの対話によって創造的な課題解決に向けた検討を行う拠点である「フューチャーセンター」，企業や行政などの組織がサービスや商品開発のために，ユーザーとの対話を行う拠点である「リビングラボ」などがある。まちづくりプラットフォームには，より多くの関係者が組織の壁を越えて情報共有ができるという機能，そして，具体的な課題を解決するという機能が備わっている（まちづくりプラットフォーム研究会編（2022）22頁）。

◆　地域において人々がつながる仕組みづくり

　同じく，2010年ごろから，地域において人々がつながる仕組みづくりも数多く知られるようになった。その1つが，コミュニティが本来もっている課題解決力を，デザインの力を使って高めるように支援する「コミュニティデザイン」である。コミュニティデザインでは，地域づくりを住民参加で進めることが重視され，人々がつながる仕組みづくりや担い手育成などの目に見えない部分のデザインから，その中で生じたプロセスや成果を見える化するデザインまで多岐に渡る[9]。

　「コミュニティマネジメント」という取り組みもある。これは，萌芽的なアイディアや想いをもつ人々の新しい関係性を拓き，多様な人々や資源を結びつけ，地域の動きとして少しずつ育てていくことである。人と地域がつながる「場」，活動の主体を育む「プロセス」，つながりを支える「組織」の3つから設計される（坂倉他（2020）28頁）。

　さらに，近年日本でも「コミュニティ・オーガナイジング」という言葉が用いられるようになった。これは，仲間を集め，その輪を広げ，多くの人々が共に行動することで社会変化を起こすことであり（鎌田（2020）1〜2頁），ストーリーを語り勇気を育む「パブリック・ナラティブ」，価値観でつながる

「関係構築」,「チーム構築」,資源を力に変える「戦略づくり」,リーダシップを育てる「アクション」から構成される。

　いずれも人がつながる仕組みでありながら,活動の主体を育むこと,すなわち地域づくりにおける自治や主体性が重視されている点で共通している。

◆　世田谷区の都市農業の事例

　世田谷区は,提案型の市民活動がいち早くはじまった自治体であり,生活クラブ運動発祥の地でもある。その世田谷区において,いま,地域に開かれたさまざまな取り組みが注目されている。

　その１つが都市農業の事例である。たとえば,Facebookの公開グループ「チーム用賀」には,世田谷区の用賀地域や周辺に在住している人,用賀に関心をもつ人などをはじめ,2024年８月時点で2,500人が参加している。このグループに所属する人々は,用賀地域の中でやってみたいことをグループに投稿していく。食事会や地域のゴミ拾い活動に加えて2021年９月にはじまったのが「タマリバタケ」である。「タマリバタケ」は,主に用賀在住のメンバーで構成されるNPO法人neomuraと世田谷区が,区の道路代替地を有効活用する提案型協働事業である。「タマリバタケ」は,「タマリバ（地域交流）」と「ハタケ（農体験）」を掛け合わせた言葉であり,「地域のつながりを育む畑」を目指すコミュニティ農園である。「タマリバタケ」の活動スケジュールは,Facebookの公開グループ,Instagram,世田谷区やneomuraのウェブサイト,現地の掲示板において情報発信されている。「タマリバタケ」は,地域のすべての人々に開放され,月に数回のコミュニティデイが設けられ,誰もが畑づくりに参加できる仕組みになっている。参加者は主体的に活動に携わるため,自然とたくさんのリーダーが生まれる。東京では人と人とのつながりが希薄なことが社会課題の１つである。「タマリバタケ」は道路代替地を有効活用することにより,これまでつながることのなかった人々が出会ったり,「無関心型住民層」がSNSを通じて活動に参加したり,そこで出会った人々からまた新たなイベントが生み出されるなど,社会課題の解決に向けた一助になっている。

都市農業で地域の人々がつながる事例は他にもある。たとえば，小田急線が地下に入ることによって，東北沢駅から世田谷代田駅までの区間の地上は，緑豊かな下北線路街になっている。「シモキタ園藝部」は，その区間の複数のエリアにおいて，世田谷区と小田急電鉄株式会社の委託を受けて，植栽管理業務を担っている。「シモキタ園藝部」は，2020年3月に発足し，2021年8月に一般社団法人を取得している。植物と共に在るコミュニティを目指し，植物を中心に据え，年代も性別も職業も多様な人々が集まる場になっている。2023年1月時点の理事・監事・社員は14人，部員は160人にのぼる。植栽管理業務の他，園藝学校の運営，園藝関連イベントの開催，コンポスト事業，飲食事業，養蜂事業や研究活動など，多数の部員が関わることによって事業内容も幅広くなる点が特徴である。「タマリバタケ」と同様に，すべての人々に開かれている点が，「シモキタ園藝部」の特徴といえる。

◆　世田谷区のオープンスペースの事例

　地域に開かれた世田谷におけるもう1つの取り組みが，まちのオープンスペースの事例である。たとえば，「おやまちプロジェクト」は，2017年から世田谷区尾山台周辺地域において，住民，商店街，小中学校，大学，企業，行政などが参加し，主体的にまちの暮らしをより豊かにする活動，まちの誰かの「やりたい」を一緒に叶えるプラットフォームを生み出している。2019年5月には，一般社団法人を取得した。

　2022年4月に，タカノ洋品店の店主であり，おやまちプロジェクトの理事でもある高野雄太は，おやまちプロジェクトのメンバーと共に，尾山台駅から徒歩1分の場所にあるタカノ洋品店を，DIYによって「タタタハウス」へと改装した。1階はコミュニティスペースとしてまちのすべての人々に開かれ，2階は東京都市大学の坂倉ゼミの拠点である「おやまちリビングラボ」が開設されている。1階のコミュニティスペースでは，毎週何らかのイベントが開催されている。イベントがない時でも，地域の高齢者の居場所になったり，なかなか学校に通えない子どもたちが日常的にコミュニケーションをとる場所になって

いる。もともと社会課題を解決するためにはじめられた場ではないが，自然と解決の場にもなっている。尾山台商店街は，毎日16時〜18時まで歩行者天国になるため，「タタタハウス」にアクセスしやすい状況になっていることも特徴である。

　高野たちの，「つながりが先／やることは後」「出会って分かり合ってつくり合う」「課題からはじめない／私たちからはじめる」「当事者として主体的に活動する」「まちを自分事にする」といった想いが反映されるかのように，これまで「タタタハウス」では，暮らしの保健室（看護師による健康相談，乳幼児とパパママ会，外国につながる親子会，認知症カフェ），おやまだい部（ボードゲーム部，ランニング部，映画部，パンカフェ部，飲み部，読書部，美術部），おやまちカレー食堂，タタタカフェ，BARおやまち，しごとBARなど，バラエティに富んだ活動が行われてきた。このような多彩な取り組みを通じて，「タタタハウス」は誰もが入りやすい居心地の良い居場所になっている。

　また，高野たちは「異質な人とのつながりが大事」という考えをもつ。同じエリアに住んでいて何度もすれ違っているはずなのに，属性（世代，立場，キャラクター）が異なると，全く出会うことができないのが地域の現実である。したがって，「タタタハウス」で運営されるさまざまな取り組みは，異質な人とつながっていく機会になっている。異質な人との出会いと対話は，人生に新たな価値観をもたらすことになる。

　まちのオープンスペースの事例は他にもある。たとえば，世田谷区野毛にある「楽ちん堂（楽ちん堂カフェ）」は，1980年代からの長い歴史をもち，2007年には地域での活動をさらに広げるため，「NPO法人ら・ら・ら」を設立した。2019年頃からは，小学校低学年の不登校児やひとり親家庭の子どもたちが日中や放課後を「楽ちん堂」で過ごすようになり，その親たちがお弁当づくりや喫茶，見守りなどの手伝いをするようになった。楽ちん堂は，学童を預かるというサービスを展開するのではなく，自分のできることをできる時にできる範囲で行う「互助活動」を重視している。いまでは，互助で成り立つ地域の家として，不登校児，その親，ひとり親家庭，障害者，高齢者など，さまざまな人た

ちが集う居場所になっている。「楽ちん堂カフェ」は，毎日12時〜20時まで開き，子ども食堂は365日，朝・昼・晩に開催されている。まさに，いつでも誰にでも開かれた空間である。

　以上の世田谷の事例は，自分の生活する地域を見つめ直す中で，地域のために自らできることをしてみたい，あるいは，仲間と面白いことをしてみたいと思う住民が増加していることの表れともいえる。都市農業やオープンスペースといった「コモン」の形成に関わる人の中には，これまで地域に関心のなかった「無関心型住民層」だった人もいるが，SNSのつながりをきっかけに地域に関心をもち，リアルな空間で新たなつながりを生み出すケースや，団体が発信するSNSのライブ配信をみて，日常的に団体や地域に関わりをもつようになるケースも少なくない。

　「市民まちづくり」のさまざまな事例に比べると，協同組合は「共通の経済的，社会的，文化的なニーズと願いをかなえることを目的とする」ことから，社会課題の解決を目的とすることに主眼が置かれがちで，組合員主体のメンバーシップ型組織であることから，閉鎖的になりやすい側面がある。したがって，本章で確認したような，多様な主体がつながることのできる「連帯経済」の概念，そして，「無関心型住民層」や「異質な人」を巻き込む「市民まちづくり」のような開かれた場づくりによる「コモン」の形成から学べることは少なくない。各地域において人間らしい「生活」と「労働」を目指しながら発展していく労働者協同組合にとって，これからますます重要な要素になる。労働者協同組合は，地域の人たちと共に学ぶという思いを，常に心に留めておく必要があるだろう。

[注]

1　事例は，基本的に，厚生労働省ウェブサイト「知りたい！労働者協同組合法」の「労働者協同組合の活動事例」（https://www.roukyouhou.mhlw.go.jp/whatkind of/asroukyou）を参照した。

2 日本労協新聞（2023）「WC連合会 新たに二団体が加盟」2023年12月15日（https://jwcu.coop/news/article/2023121590189/?doing_wp_cron=1723794594.9807009696960449218750）

3 内閣府NPOウェブサイト「認証・認定数の遷移」（https://www.npo-homepage.go.jp/about/toukei-info/ninshou-seni）

4 2024年12月1日時点の労協法人数も117団体とその増加件数は緩やかである。厚生労働省ウェブサイト「労働者協同組合の設立状況」（https://www.mhlw.go.jp/stf/newpage_14982.html）を参照した。

5 たとえば，久本（2021），新免（2019）や細川（2015）といった本が出版されている。

6 本書において，「社会的・連帯経済」ではなく，「連帯経済」という言葉を使用する意図は以下の通りである。

社会的・連帯経済（The Social and Solidarity Economy；SSE）は，社会的経済と連帯経済を合わせた用語であり，国際労働機関においても紹介されている（https://www.ilo.org/global/topics/cooperatives/sse/lang--en/index.htm）。ただフランスでは，1990年代，社会的経済と連帯経済は厳しく対立する概念であった（北島（2016）16頁）。

フランスあるいは欧州の研究者が社会的経済という用語を使う場合，2つの基準で規定される組織あるいは企業を指す（北島（2016）18頁）。1つは，社会的経済を，協同組合，共済組合，アソシエーション，財団から成ると理解する法人規定という基準である。もう1つは，①利潤よりもメンバーあるいはコミュニティのニーズを充足するという目的，②収入の配分において資本よりも人間を優先すること，③民主主義的な運営と意思決定，④公権力からの管理の自律性という4つの運営規則をもつという基準である。

一方，連帯経済は，本文でも確認した通り，市民同士の相互的な深い関わりを基盤にして，経済の民主化に貢献する経済活動の集まりである。そして，連帯経済論では，お互い様の関係のもとに，人々が自発的に経済的社会的取り組みに関わることが重要であると考えられている（北島（2016）29頁）。

社会的経済も連帯経済も，（資本主義経済システムに対する）オルタナティブであろうとする組織を一括りにする概念という点では共通するが，社会的経済論は「もう1つの企業のあり方」を強調するのに対して，連帯経済論は「もう1つの経済のあり方」を強調する点で異なる（北島（2016）18頁）。また，社会的経済にはいくつかの問題が指摘されている（北島（2016）19頁）。たとえば，法人規定に

よって社会的経済が定義されることは，そこから除外されるサードセクター組織が生まれるおそれがあるということ，社会的経済の運営規則は協同組合原則が下敷きにされているため，協同組合モデルに準拠する議論になっているということである。

　本書では，日本各地において，市民同士の相互的な関わりを基盤にしつつ経済の民主化に貢献する経済活動の集まりとしての連帯経済が広がりつつあり，その1つの主体として労働者協同組合の活動を位置づけていくことが重要と考え，連帯経済という言葉を用いる。

7　互酬性とは，贈与に対して社会規範として何らかの形で返礼を行うことである。互酬性とは返礼の原則であるが，必ずしも対人性を前提としたものではなく，返礼の相手は贈与を受けた相手とは限らない。その点で契約に基づく交換とは大きな違いがある（非営利法人研究学会編（2022）128頁）。

8　リノベーションとは，既存の建物の外観や内部空間を改変して，新しい用途や利用方法を実現する設計・計画・デザイン・施工である（山崎他（2021）126頁）。

9　studio-Lウェブサイト「コミュニティデザインとは？」https://studio-l.org/about/

[第6章・引用文献]

・Boyer, R.（2023）*L'économie sociale et solidaire : Une utopie réaliste pour le XXIᵉ siècle?*, Les petits matins.（山田鋭夫訳（2023）『自治と連帯のエコノミー』藤原書店。）

・Laville, J.L. ed.（2007）*L'économie solidaire: Une perspective internationale*, Hachette Littératures.（北島健一・鈴木岳・中野佳裕訳（2012）『連帯経済―その国際的射程』生活書院。）

・Mellor, M., Hannah, J. and Stirling, J.（1988）*Worker Cooperatives in Theory and Practice*, Open University Press.（佐藤紘毅・白井和宏訳（1992）『ワーカーズ・コレクティブ―その理論と実践』緑風出版。）

・荒井絵理菜（2023）「暮らしの中から社会の空気感変える取り組み―労働者協同組合プラスチックフリー普及協会」『協同の發見』371号，27～37頁。

・稲垣久和（2019）『「働くこと」の哲学―ディーセント・ワークとは何か』明石書店。

・鎌田華乃子（2020）『コミュニティ・オーガナイジング―ほしい未来をみんなで創る5つのステップ』英治出版。

- 北島健一（2016）「連帯経済と社会的経済—アプローチ上の差異に焦点をあてて」『政策科学』23巻3号，15〜32頁。
- 国民生活審議会調査部会編（1969）『コミュニティ—生活の場における人間性の回復（コミュニティ問題小委員会報告）』大蔵省印刷局。
- 小山弘美（2018）『自治と協働からみた現代コミュニティ論—世田谷区まちづくり活動の軌跡』晃洋書房。
- 坂倉杏介・醍醐孝典・石井大一朗（2020）『コミュニティマネジメント—つながりを生み出す場，プロセス，組織』中央経済社。
- 佐藤慶幸（1996）『女性と協同組合の社会学—生活クラブからのメッセージ』文眞堂。
- 新免玲子（2019）『給与も賞与も，社員みんなで決めてます—働きがいNo.1企業になった小さな会社の物語』あさ出版。
- 利根川徳（2023）「コンセプトは『遊ぶように働く』—労働者協同組合アソビバ始動！」『協同の發見』371号，42〜49頁。
- 仲正昌樹（2018）『悪と全体主義—ハンナ・アーレントから考える』NHK出版。
- 幡谷則子編（2019）『ラテンアメリカの連帯経済—コモン・グッドの再生をめざして』上智大学出版。
- 非営利法人研究学会編（2022）『非営利用語辞典』全国公益法人協会。
- 久本和明（2021）『僕たちはみんなで会社を経営することにした。』インプレス。
- 細川あつし（2015）『コーオウンド・ビジネス—従業員が所有する会社』築地書館。
- まちづくりプラットフォーム研究会編（2022）『まちづくりプラットフォーム—ヒト・カネ・バショのデザイン』萌文社。
- 山崎義人・清野隆・柏崎梢・野田満（2021）『はじめてのまちづくり学』学芸出版社。

おわりに

　労働者協同組合は，協同組合原則に基づいて運営される事業体かつ運動体であり，日本では，1980年代からワーカーズ・コレクティブやワーカーズコープが，その事業と運動を展開してきた。その運動の成果の1つが，労協法の成立であり，労働者協同組合運動は，2020年以降，次のフェーズに入ったといえる。つまり，これまで以上に労働者協同組合への注目が集まる中，労働者協同組合の現代的意義・役割やその経営について，より深い研究が求められるようになった。そのような中，本書は先行研究を踏まえて，過渡期における労働者協同組合の現状や課題を整理してきた。

　アソシエーションの形成過程にある労働者協同組合には，決して完成形があるわけではない。そこに関わる労働者や地域住民が，組織運営に主体的に関わり続けることによって形成されていく組織である。また，労働者協同組合は，労働者や地域住民の主体性を引き出し，住民自治・地域自治を呼び起こすトリガー的な存在になる可能性もある。近年注目されている「連帯経済」の主体として活躍できる組織になる可能性や，資本主義システムに対して「コモン」を形成していく役割も担う組織になり得る。

　しかし，その経営は非常に難しい。労働者の主体性を引き出すような組織づくりや民主的管理に加え，対立的な考えをもつ人や「異質な人」たち，時には「無関心型住民層」を巻き込むような開かれた経営を行うことが求められる。近年は，労働者が所有し管理するような労働者協同組合と似たような組織は多数存在するが，その経営において忘れてはならないことは，労働者協同組合は協同組合の1つということである。1人1票や相互扶助といった協同組合の特性を生かすことも，労働者協同組合の経営にとっては重要であることを確認してきた。

労働者協同組合運動に関して，資本主義システム自体が別のシステムに変わらなければ，協同組合やNPOに存在意義はないという批判的考察も非常によく理解できる。ただ，一朝一夕でそのシステムは変えられるものではなく，現場と研究による着実な実践，そして，生活者や労働者の生み出す対話が，社会を少しずつ変化させていく。何事も一歩一歩しか変えられないことは，実践に寄り添えば寄り添うほど，よくわかる。日本は，幸運にも，協同組合が大きく発展してきた国の1つである。人間らしい本来の「生活」と「労働」を取り戻すため，労働者協同組合は，多様な協同組合や地域の主体と連携しながら歩を進めていく必要がある。自分たちとは異なる，全く異質な組織があるかもしれない。それでも，進む方向が同じなら，連携の道を探っていく必要がある。

繰り返しになるが，労働者協同組合も協同組合も，その思想から言えば，完成形はない。だからこそ，そこに関わる組合員が，日々の実践からその歴史を形成していくことになる。労働者協同組合が，資本主義システムに少しずつでも変化を与えられるかは，日々の生活者や労働者である組合員1人ひとりの実践にかかっている。すなわち，組合員が主体的に声を発することができるかにかかっている。労働者協同組合とはそのような組織である。

あとがき

　大学院に進学した2001年から，非営利・協同組織のマネジメントやガバナンス，そして，コミュニティ・ビジネスや社会的企業の概念に関する研究を続けてきたが，2回の転機が，本書の執筆に大きな影響を与えている。

　1回目の転機は，2004年に訪れた。10月に開催された日本協同組合学会第24回大会で，「営利／非営利組織におけるガバナンス問題の異同―協同組合の存在意義に関連づけて」という報告を行った際，参加者から多数の意見をいただき，報告後に，市民セクター政策機構の柏井宏之さんから，ワーカーズ・コレクティブの現場を見にこないかとお声がけをいただいた。その後，WNJの会議に参加させていただいたりワーカーズ・コレクティブのいくつかの現場を見学させていただいた後，NPO法人ACTを研究対象として，2007年3月に博士論文をまとめるに至った。2007年4月に駒澤大学に着任してからは，ACTの理事としてワーカーズ・コレクティブに関わらせていただきながら，ワーカーズコープについても知りたいという思いをもった。そして，協同総合研究所の『協同の發見』を購読し，その後，編集委員にも加えていただき，ワーカーズコープの現場を見学したり，時には韓国の調査に参加させていただくこともあり，大きな知見を得ることになった。

　2回目の転機は，2014年に訪れた。2014年4月〜2015年3月にかけて，駒澤大学から在外研究の機会をいただき，イギリス・ロンドンのSOASに1年間滞在した。最初は，社会的企業について研究を進めていたが，生活が落ち着いてきた頃に，これまでの研究を振り返る機会を得た。そして，イギリスは協同組合の発祥の地であることに改めて着目し，残りの滞在期間中に，イギリスの労働者協同組合にインタビュー調査を行った上で，労働者協同組合の日英米比較を行うという構想を思いついた。2014年から2015年の年始に実施したイギリスの労働者協同組合の調査報告は『協同の發見』に連載させていただいた。その後，2015年4月からは磐田市での子育て，2016年5月には第2子の出産を経て，

2017年4月の育児休業明けからアメリカの労働者協同組合について調べはじめて科研費を取得し，2018年にニューヨーク州，2019年にカリフォルニア州の労働者協同組合にインタビュー調査を行うことができた。イギリス訪問から10年が経過したこともあり，本書にはイギリスの労働者協同組合に関する内容は掲載することができず，アメリカの労働者協同組合についてのみ掲載することになったことだけは少し残念ではあるが，これまでの研究成果を取りまとめられたことに安堵を感じている。

　1回目の転機から，20年の時を経たこのタイミングで，本書を取りまとめる大きなきっかけになったのが，2020年12月4日の第203回臨時国会の参院本会議において，労働者協同組合法案が全会一致で可決・成立した瞬間をインターネット放送で目の当たりにした瞬間だった。2007年から，協同総研の編集会議や研究会に参加する度に，法案が成立しなかったことについて，島村博さんの残念そうな顔を何度も見ていたことから，労協法が成立することは当分ないだろうと思っていたこともあり，法案の可決・成立にはより一層の衝撃を受けた。2022年10月1日に労協法が施行すると，これまで協同組合に興味のなかった人々も，労働者協同組合を通じて，協同組合に関心をもつ可能性が高いと考え，いまこそ自分が研究してきた内容をまとめて発信する時だと感じた。

　執筆に向けて，コロナ禍に労働者協同組合に関する先行研究を読み続け，コロナ禍が明けた2022年から2024年にかけて，ワーカーズコープやワーカーズ・コレクティブの現場を訪問した。現場の人たちとの対話は，気付かされることばかりだった。日々の実践は，決して良いことばかりではない。そのような課題については，文献から知り得ないことも少なくないため，現場の人たちから，経営の悩みを聞けることは大変貴重な機会だった。

　特に，協同労働という働き方に興味をもち，労働者協同組合で働きはじめる人も多い一方，なぜ，働きはじめた人たちが辞めてしまうのかということに疑問を感じた。働くことに真摯に向き合い，地域の活動に積極的に携わり，より良い生活に興味をもつ組合員たちがどうすれば辞めずに済むのかを考えた時，経営学に向き合うことが必要だと考えた。そして，拙いながらも，自分の言葉

で民主的管理の必要性について発信してみようと思った。

　本書は，主に日本における労働者協同組合の先行研究から，今後どのような研究が必要かを執筆するのみにとどまったが，今後もワーカーズコープやワーカーズ・コレクティブを研究対象にした研究を続け，それぞれの組織において，どのような経営や会議が行われているかについて，細かく分析して発信していきたい。本書には書ききれなかったことや後から気づいたことも少なくないが，今回は，日本の労働者協同組合に関して，40年間にわたる実践や経営課題の発信を1つの区切りとし，今後もこの本をベースに研究を深化させていく所存である。

　文末になるが，本書の執筆にあたり，多くの助言や気づきを与えてくださった方々にこの場を借りてお礼を伝えたい。

　まず，静岡県磐田市のみなさんにお礼を伝えたい。特に，労働者協同組合いわたツナガル居場所ネットワークを設立した仲間である，山田美沙さん，石野朋子さん，宇野好美さん，近藤俊輔さん，村松啓至さんからは，労協法人の実際の運営を通じて，労働者協同組合とは何かを学ぶたくさんの機会をいただいた。また，磐田市の仲間につなげていただいた磐田市長の草地博昭さんにもお礼を伝えたい。

　つぎに，労働者協同組合の実践に取り組まれているワーカーズ・コレクティブ，ワーカーズコープ，新たに設立された労協法人のみなさんにお礼を伝えたい。ワーカーズ・コレクティブについては，特に，井上浩子さんと藤井恵里さんからたくさんの助言をいただいた。ワーカーズコープについては，協同総研のみなさん，特に，岩城由紀子さん，古村伸宏さん，田嶋康利さんから，たくさんの助言をいただいた。

　そして，世田谷で市民活動やまちづくりを展開されているみなさんにお礼を伝えたい。特に，NPO法人neomuraのメンバーと高野雄太さんからは，本書の執筆にあたって重要な示唆をいただいた。また，15年以上にわたり世田谷で一緒にゼミ活動をさせていただいている杉本浩一さんからは，本書に関するコ

メントを定期的にいただき，私の研究への理解を言語化する際に，重要な助言を何度もいただいた。

　さらに，日本協同組合学会，日本比較経営学会，労務理論学会，日本NPO学会，日本経営学会，日本地域経済学会，管理論研究会の会員のみなさんにもお礼を伝えたい。学会報告で，参加者のみなさんから本研究に関する貴重なコメントをいただいた。学会誌への投稿では，査読者から重要なコメントをいただいた。多くの会員のみなさんにお世話になったため，ここで1人ひとりの名前をあげることは控えるが，特に数名の先生方には，研究の細部にわたって忌憚なきご意見をいただき，学びを深めることができた。

　最後に，研究相談に快く応じてくださった駒澤大学経済学部の同僚の先生方に感謝を申し上げたい。

2025年1月

松本　典子

参考文献

- Meyers, Joan S. M.（2022）*Working Democracies: Managing Inequality in Worker Cooperatives*, Cornell University Press.
- 秋山憲治（2004）『誰のための労働か』学文社。
- 植竹晃久・仲田正機編著（1999）『現代企業の所有・支配・管理―コーポレート・ガバナンスと企業管理システム』ミネルヴァ書房。
- 大谷禎之介（2017）「『資本論』とアソシエーション」『季刊経済理論』53巻4号，51〜61頁。
- 岡安喜三郎（2012）「ワーカーズ協同組合研究」堀越芳昭・JC総研編『協同組合研究の成果と課題1980‐2012』家の光協会，271〜311頁。
- 角瀬保雄（1997）「非営利・協同組織と民主的管理―社会的経済企業，NPOと『民主経営』」『経営志林』34巻2号，1〜11頁。
- 角瀬保雄・川口清史編著（1999）『非営利・協同組織の経営』ミネルヴァ書房。
- 小島明子・福田隆行（2022）『協同労働入門』経営書院。
- 小西一雄（2020）『資本主義の成熟と終焉―いま私たちはどこにいるのか』桜井書店。
- 菰田レエ也（2024）「多様な『自治』の尊重に立脚した労働者協同組合の展開可能性―公式・非公式に分極化する実践の連帯を目指して」『経済科学通信』159号，38〜45頁。
- 近藤ヒデノリ・Tokyo Urban Farming 監修（2023）『Urban Farming Life』トゥーヴァージンズ。
- 澤田幹・谷本啓・橋場俊展・山本大造（2016）『ヒト・仕事・職場のマネジメント―人的資源管理の理論と展開』ミネルヴァ書房。
- 柴田学（2024）『地域福祉実践としての経済活動―コミュニティワークの新たなアプローチ』関西学院大学出版会。
- 多木誠一郎（2024）「労働者協同組合法について―組織法の側面から」『立命館法学』411・412号，161〜183頁。
- 田嶋康利（2024）「『協同労働』の可能性と課題―労働者協同組合法施行から1年を経過して」『季報唯物論研究』166号，70〜84頁。
- 田中夏子・杉村和美（2003）『現場発 スローな働き方と出会う』岩波書店。

・田渕直子（1988）「協同組合経営論の課題と視角：協同組合の本質をめぐって」『北海道大学農経論叢』44号，75〜96頁。
・筒井美紀（2012）「雇われずに働く―助け合う組織づくりとワーク・ルール立法運動」遠藤公嗣・筒井美紀・山崎憲『仕事と暮らしを取りもどす―社会正義のアメリカ』岩波書店，37〜69頁。
・利根川徳（2023）「法施行1年，労働者協同組合設立の動向を追う」『協同の發見』371号，5〜14頁。
・野川忍（2001）「法制化の位置づけ・内容・段取りについて」『協同の發見』104号，14〜17頁。
・藤田ほのみ（2021）「お互いさまの支えあいで心豊かに暮らせる地域社会をつくる―生活クラブ生協の実践」井出英策編『壁を壊すケアー「気にかけあう街」をつくる』岩波書店，209〜233頁。
・松本典子（2007）『市民事業組織と非営利組織論の再検討：組織目的と組織価値を基軸とする理論構築に向けて』駒澤大学大学院商学研究科博士論文。
・丸山美貴子（1997）「労働者協同組合における労働主体の形成過程」『月刊社会教育』503号，70〜79頁。
・山田定市（2005）「非営利・協同組織と地域づくりの主体形成―労働論の視点をふまえて―」『北海学園大学経営論集』2巻4号，1〜18頁。
・山本修・吉田忠・小池恒男編著（2000）『協同組合のコーポレート・ガバナンス―危機脱出のためのシステム改革』家の光協会。
・有限会社人事・労務（2023）『コミュニティ経営のすすめ―あいだのある組織の作り方』労働新聞社。
・ワーカーズ・コレクティブ ネットワーク ジャパン編（2021）『労働者協同組合法（ワーカーズ法）ガイドブック―持続可能な地域社会をめざして』市民セクター政策機構。

＊文中・章末注のウェブサイトについて，日付けのないアクセス日は，すべて2024年9月22日である。

初出一覧

　各章の土台になっている既発表論文は以下のとおりである。ただし，各章とも拙稿に大幅な加筆・修正を行っている。

第１・６章

・松本典子（2024）「市民活動・NPOと地域づくり」吉野馨子・高梨子文恵編著『地域の社会と経済を学ぶ』筑波書房，144〜154頁。

第２章

・松本典子（2019）「日本の労働者協同組合による社会的包摂の取り組みについて」『駒澤大学経済学論集』50巻4号，95〜104頁。

・松本典子（2025）「労働者協同組合の発展に向けた経営課題—ワーカーズコープとワーカーズ・コレクティブの比較から」『比較経営研究』49号。

第３・４章

・松本典子（2024）「日本における労働者協同組合の経営課題—民主的な経営の実現に向けて」『比較経営研究』48号，86〜105頁。

第５章

・松本典子（2018）「アメリカの労働者協同組合に関する一考察」『労務理論学会誌』27巻，113〜127頁。

・松本典子（2018）「ニューヨーク市における労働者協同組合の現状①Green Worker Cooperatives」『協同の發見』312号，56〜65頁。

・松本典子（2019）「ニューヨーク市における労働者協同組合の現状②NMICとCFL」『協同の發見』314号，55〜62頁。

・松本典子（2019）「ニューヨーク市における労働者協同組合の現状③NYCNOWC」『協同の發見』316号，65〜69頁。

・松本典子（2019）「サンフランシスコ・ベイエリアにおける労働者協同組合の現状①」『協同の發見』325号，55〜62頁。

・松本典子（2020）「サンフランシスコ・ベイエリアにおける労働者協同組合の現状②」『協同の發見』326号，78〜86頁。

・松本典子（2020）「サンフランシスコ・ベイエリアにおける労働者協同組合の現状③」『協同の發見』328号，100〜112頁。

・松本典子（2021）「アメリカにおける労働者協同組合の対抗戦略—サンフランシス

コとニューヨークの事例が日本に示唆すること」『協同組合研究』41巻 2 号，38〜
51頁。

※本研究は，JSPS科研費22K01859の助成を受けたものです。
※本研究は，令和 6 年度駒澤大学特別研究出版助成を受けたものです。

索　引

●あ行

アソシエイトした労働 ……… 101, 102
アソシエーション ……… 101, 102, 127,
　142
新しい社会運動 ………………… 15, 41
アンペイド・ワーク ……………… 2, 44
一般社団法人 …………………… 18, 134
オルタナティブ経済 ……… 7, 58, 83, 98,
　129, 178, 192, 195

●か行

会社本位 ……………………………… 2, 21
管理労働の二重性 ………………… 113
共同管理 ……………………………… 116
協同組合 …………… 97, 98, 111, 194
協同組合のアイデンティティに関する
　声明 ……………………… 34, 37, 39, 111
協同総合研究所 ………………… 66, 118
協同労働 ……………………………… 60, 81
協同労働の協同組合 ………… 60, 61, 80
構想と実行の分離 ……… 1, 35, 103, 115,
　128
国際協同組合同盟（ICA）…………… 34
コミュニティ・ビジネス …………… 18
コミュニティ・ユニオン …………… 23
コミュニティワーク ………… 44, 129
コモン ……… 28, 105, 147, 191, 192, 203

●さ行

再生産労働 ……………………… 22, 25, 26
参加型システム研究所 ……………… 43
自己搾取 ……………………………… 113, 193
指定管理者制度 ………………… 19, 145
市民運動 ……………………………… 15, 16
市民活動 …………… 15, 16, 197, 200
市民事業組織 ………………………… 19
市民セクター政策機構 ……………… 43
市民連帯経済 ………………………… 58, 59
社会性 ………………………………… 19
社会的企業 ………………………… 18, 19
社会的孤立 ………… 13, 106, 190, 197
社会的排除 …………………………… 14
シャドウ・ワーク …………………… 2
住民自治 …………… 14, 106, 186, 191
職場民主主義 …………… 156, 160, 178
新自由主義 ………… 19, 142, 145, 178
生活クラブ運動 …………………… 38
生活クラブ生活協同組合（生活クラブ
　生協）……………………………… 41, 43
生活者 ……………………… 57, 82, 99
全組合員経営 ………… 67, 80, 87, 125
センター事業団 ……… 65, 68, 70, 71, 73,
　80, 85, 86, 123
相互扶助 ……………………………… 98, 99
ソーシャル・キャピタル …………… 14
疎外された労働 ………………… 1, 103

●た行

代理人運動 ……………………… 43
地域自治 ……………… 14, 106, 186
賃労働 …… 1, 44, 81, 101, 105, 139, 191
ディーセント・ワーク ……………… 23
特定非営利活動促進法（NPO法）
……………………… 17, 134, 192
特定非営利活動法人（NPO法人）
……………………… 17, 134, 192
特定労働者協同組合 ………… 136, 138

●な行

日本協同組合学会 ……………………… 37
日本社会連帯機構 ………… 66, 67, 83
日本労働者協同組合連合会（労協連）
……………… 59, 68, 69, 70, 85, 86

●は行

ファシリテーション ……………… 120
分業 ………………… 1, 113, 117
米国労働者協同組合連合会（USFWC）
……………………………… 34, 159

●ま行

ミュニシパリズム ……………… 20, 147
民主的ガバナンス ……… 112, 115, 116

民主的管理 ……… 103, 104, 112, 114, 115
民主的統制 ……………………… 113
みんなのおうち ……………… 66, 67, 98
無関心型住民層 ……… 186, 197, 200, 203
モンドラゴン協同組合 …… 33, 37, 110,
118

●や行

よい仕事 ……………… 74, 81, 82, 125

●ら行

レイドロー報告 ……………… 36, 37
連帯経済 ……… 156, 178, 191, 192, 195,
196
労働者教育 …………………… 117, 119
労働者協同組合 ……… 6, 33, 34, 82, 99
労働者協同組合法（労協法）…… 6, 130,
132, 134, 186
労働者協同組合法人（労協法人）
……………… 132, 133, 186, 192

●わ行

ワーカーズ・コレクティブ
………… 38, 43, 45, 55, 83, 127, 155
ワーカーズ・コレクティブネットワー
クジャパン（WNJ）…… 45, 50, 83, 84
ワーカーズコープ ……… 59, 64, 68, 80

[著者紹介]

松本典子（まつもと　のりこ）

1980年2月東京生まれ。駒澤大学経済学部現代応用経済学科教授。

研究テーマは，非営利・協同組織の経営学。

2016年に「イギリスにおける労働者協同組合の現状と課題」（『労務理論学会誌』25号）で労務理論学会賞（研究奨励賞）を受賞。

日本NPO学会副会長，日本協同組合学会常任理事，日本地域経済学会理事，一般社団法人協同総合研究所常任理事や駒澤大学経済学部現代応用経済学科ラボラトリ所長などを務める。在住する磐田市では，二児の子育てをすると共に，ライフワークとして労働者協同組合いわたツナガル居場所ネットワークの設立・運営に携わる。

労働者協同組合とは何か
連帯経済とコモンを生み出す協同組合

2025年2月28日　第1版第1刷発行
2025年5月15日　第1版第2刷発行

著　者　松　本　典　子
発行者　山　本　　　継
発行所　㈱中　央　経　済　社
発売元　㈱中央経済グループ
　　　　パ ブ リ ッ シ ン グ

〒101-0051　東京都千代田区神田神保町1-35
電話　03（3293）3371（編集代表）
　　　03（3293）3381（営業代表）
https://www.chuokeizai.co.jp
印刷／㈱堀内印刷所
製本／㈲井上製本所

© 2025
Printed in Japan

＊頁の「欠落」や「順序違い」などがありましたらお取り替えいたしますので発売元までご送付ください。（送料小社負担）
ISBN978-4-502-52711-1　C3034

JCOPY〈出版者著作権管理機構委託出版物〉本書を無断で複写複製（コピー）することは，著作権法上の例外を除き，禁じられています。本書をコピーされる場合は事前に出版者著作権管理機構（JCOPY）の許諾を受けてください。
　JCOPY〈https://www.jcopy.or.jp　eメール：info@jcopy.or.jp〉

好評既刊

現代経営学の基本問題

百田 義治［編著］

Ａ５判・ソフトカバー・278頁

[目　次]

第１章　現代企業論の基本問題

第２章　現代企業統治論の基本問題

第３章　現代多国籍企業論の基本問題

第４章　現代中小企業論の基本問題

第５章　現代起業論の基本問題

第６章　非営利組織研究の基本問題

第７章　経営学史の基本問題　第８章　科学的管理の基本問題

第９章　経営戦略論の基本問題　第10章　経営管理論の基本問題

第11章　ファイナンス論の基本問題

第12章　人的資源管理論の基本問題

第13章　企業福祉論の基本問題　第14章　生産管理の基本問題

第15章　企業倫理の基本問題　第16章　比較経営論の基本問題

第17章　異文化マネジメント論の基本問題

第18章　「企業と社会」論の基本問題

中央経済社